A. Schmidt

Über die Bedeutung der Mundart in pädagogischer und sprachlicher Beziehung

A. Schmidt

Über die Bedeutung der Mundart in pädagogischer und sprachlicher Beziehung

ISBN/EAN: 9783743315488

Hergestellt in Europa, USA, Kanada, Australien, Japan

Cover: Foto ©Thomas Meinert / pixelio.de

Manufactured and distributed by brebook publishing software
(www.brebook.com)

A. Schmidt

Über die Bedeutung der Mundart in pädagogischer und sprachlicher Beziehung

I.
Prüfungs-Ordnung.

Samstag, den 17. April.
Nachmittags:
½3—5 Uhr: Tonlehre.
Orgelspiel.
Violinspiel.
Choralgesang.
5—6 Uhr: Turnen der Classen I. und II.

Montag, den 19. April.
Vormittags:
8— 9: Religion.
9—½10: Erziehungs- und Unterrichtslehre.
½10—½11: Deutsche Sprache.
¾11— 12: Rechnen und Geometrie.

Nachmittags.
½3 — 3: Naturgeschichte.
3 — ½4: Naturlehre.
½4 — 4: Geographie.
4 — ½5: Geschichte.
Schluß mit Gesang, Violinspiel und Declamation.

(Die Zeichnungen sind im Zeichensaale des Schulgebäudes aufgelegt, die Schrift=
proben und Aufsatzhefte im Prüfungssaal.)

Die Prüfung der Knabenschule findet Freitag den 23. April statt.

II.
Zur Geschichte der Anstalt.

Am Schlusse des Schuljahres 1875/76 wurden nach Erlaß Großh. Oberschulraths vom 22. April 1876 Nr. 6034 von den 30 Schülern des I. Kurses 26 in den II. und sämmtliche 33 Schüler des II. Kurses in den III. promovirt; von den 42 Schülern des obersten Kurses konnten nach bestandener Candidatenprüfung 38 unter die Zahl der Volksschulcandidaten aufgenommen werden.

Zur Aspirantenprüfung waren 64 Aspiranten erschienen. Hievon wurden vom Arzte 2 zurückgestellt, 16 wurden wegen ungenügender Vorbildung abgewiesen und 46 aufgenommen, wovon 8 in den II. Kurs. Ferner wurden an Herbst 1876 aus dem hiesigen zweiten Seminar 3 Zöglinge nach besonderer Prüfung in unsern I. Kurs aufgenommen. Die Zahl der Schüler stellt sich also für das abgelaufene Schuljahr in folgender Weise: I. Kurs 43, II. Kurs 34, III. Kurs 33, zusammen 110; 109 ev. 1 isr.; 105 int. 5 ext.

Die Dienstprüfung fand Dienstag den 25. April und die folgenden Tage statt. Es hatten sich 63 Lehrer gemeldet, erschienen waren 53; hievon erhielten 11 das Zeugniß für erweiterte Schulen, 37 für einfache.

Mit höchster Ermächtigung mittelst Staatsministerialentschließung vom 18. Dez. 1876 Nr. 2195 wurden die Ephorate bei den Schullehrerseminarien aufgehoben. Es wird dadurch der langjährige Ephorus unserer Anstalt Kirchenrath Roth dahier unter Anerkennung seiner in dieser Eigenschaft geleisteten Dienste seiner Function enthoben. Ein Wechsel im Lehrerpersonal des Seminars fand im Laufe des Jahres nicht statt. Mit Allerhöchster Staatsministerialentschließung vom 10. Oct. 1876 Nr. 1649 geruhten Seine Königliche Hoheit der Großherzog den bisherigen Vorstand der Anstalt zum Director zu ernennen. Die durch Pensionirung des Seminarlehrers Rudolf frei gewordene Stelle wurde durch Erlaß Großh. Ministeriums des Innern vom 11. April 1876 Nr. 5249 dem Hauptlehrer Ludwig Adam Schneider an der hiesigen höheren Bürgerschule übertragen. Herr Schneider übernahm den Unterricht im Deutschen im I. Kurs, den ganzen mathematischen Unterricht und das geometrische Zeichnen. Das Freihandzeichnen übernahm mit Genehmigung Großh. Ministeriums des Innern vom 19. Mai 1876 Nr. 7116 Lehrer Heinrich Eyth.

An der Seminarschule traten folgende Veränderungen ein: Mit Erlaß Großh. Oberschulraths vom 7. Sept. 1876 Nr. 11,178 wurde dem bisherigen Lehrer der IV. Klasse Konrad Gebhard die zweite Hauptlehrerstelle an der Volksschule in Eschelbronn, und dem Lehrer der II. Klasse Christian Schechter mit Erlaß vom 23. Sept. 1876 Nr. 3471 die Hauptlehrerstelle an der Volksschule in Vorderlehengericht übertragen. An ihre Stelle traten mit Erlaß vom 18. Sept. 1876 Nr. 13,059 Carl Friedrich Gutmann, bisher Unterlehrer in Eberbach, und mit Erlaß vom 18. Sept. 1876 Nr. 12,661 Christoph Gräber, bisher Unterlehrer am Waisenhause in Lichtenthal. Auch das kommende Schuljahr wird mit einem Lehrerwechsel beginnen, da bereits dem Lehrer der V. Klasse Tobias Hauert mit Erlaß vom 3. Jan. 1877 Nr. 217 eine Hauptlehrerstelle in Säckingen und dem Lehrer der III. Klasse Adolf Neuwirth mit Erlaß vom 30. Jan. 1877 Nr. 1286 die Hauptlehrerstelle in Hausen Amts Schopfheim übertragen worden ist. Es ist dieser häufige Wechsel der Lehrer an der Seminarschule um so unangenehmer, als dieselbe in den letzten Jahren stets überfüllte Klassen hat.

Wir sprachen im vorigen Jahresbericht den Wunsch aus, es möge das Jahr 1876 nach den manchfachen Störungen im Jahre 1875 ein Jahr ruhiger, ungestörter Arbeit werden; leider ging dieser Wunsch nicht in Erfüllung. In Folge der hier aufgetretenen Augenkrankheit mußten wir die Schule und das Seminar im Sommer auf 4 Wochen schließen, so daß im Sommerhalbjahr vor und nach den Ferien eine verhältnißmäßig kurze Arbeitszeit verblieb. Im übrigen Theil des Jahres blieben wir von schwerern Erkrankungen im Hause verschont, nur 1 Zögling mußte in Folge eines Sturzes mehrere Wochen das Bett hüten; 2 andere lagen krank bei ihren Eltern zu Hause, wovon einer seit Herbst v. J. von schwerem Leiden heimgesucht wurde. Wir haben die Hoffnung, daß beiden wieder von Gott die Kraft zur Vollendung ihrer Ausbildung geschenkt werden wird.

Am Schlusse der Prüfung von 1875/76 sprach der Zögling des III. Kurses August Ziegler Worte des Dankes und des Abschieds an die Lehrer und Mitschüler. Am Festtag des 2. September sprach der Zögling des III. Kurses Wilhelm Schuhmacher über die Angriffe Frankreichs auf deutsches Land, insbesondere über den Verlust und Wiedergewinn von Elsaß-Lothringen. Außerdem wurden die üblichen Gesänge und Declamationen im Kreise der versammelten Lehrer und Schüler vorgetragen. Das Weihnachtsfest vereinigte am Abend des 21. Dezember Seminar und Schule um die hell strahlenden Weihnachtsbäume, um durch Geschichte, Spruch und Lied die frohe Botschaft zu preisen.

Wie bisher üblich war, benützten auch diesen Winter die Lehrer des Seminars abwechselnd die Sonntagabendstunden, um den Zöglingen interessante Mittheilungen aus verschiedenen Gebieten zu machen. So wurde gesprochen über: bildliche Darstellungen der heiligen Geschichte, die Bedeutung der Münchner Kunstausstellung mit eingehender Schilderung derselben, die Entwicklung der Thiersage, Alexander von Humbold's Entdeckungsreisen, Züge aus dem Kriege von 1870, Dresden und die sächsische Schweiz, aus der Pädagogik des Mittelalters (2mal), der Vierwaldstätter See und das Berner Oberland, Luthers Schulzeit, Geschichte unserer Zahlzeichen und des Rechnens im Mittelalter, Zustände der heutigen Türkei auf Grund von Brauns Reisebeschreibung.

Am 7. September v. J. machten die 3 Klassen mit den Lehrern der Anstalt einen Ausflug. Die beiden ersten Klassen begaben sich mit der Eisenbahn nach Gernsbach und wanderten über das Ebersteiner Schloß nach Baden. Die III. Klasse ging von Bühl aus auf die Burg Windeck, von da über Neusatz auf die Hornißgrinden und an den Mummelsee, wobei durch Nebel und Regen leider jede Aussicht vereitelt wurde. Im Badwirthshause in Ottenhöfen stärkte ein gutes Quartier die müden Glieder und am folgenden Tage besuchte die Gesellschaft die Ruine Allerheiligen, und die Wasserfälle, und begab sich über Bad Sulzbach nach Oberkirch, von wo die Eisenbahn sie zurückführte.

Von Besuchen, womit die Anstalt beehrt wurde, haben wir zu erwähnen:

Seine kaiserl. Majestät Don Pedro von Brasilien, Höchstwelche von den Räumlichkeiten und der Art und Weise der Lehrerbildung Kenntniß nahmen.

Geh. Regierungsrath Dr. Schneider von Berlin.

Oberlehrer Dr. R. Nagel von Ulm.

Jules Paroz, Director der école normale in Peseux, Kanton Neuenburg.

Geschenke an Büchern gingen uns von verschiedenen Buchhandlungen und Verlegern zu. Besonders danken wir den Herren Holdermann und Foßler für die Uebersendung ihrer Rechenhefte, Herrn Buchhändler Lang in Tauberbischofsheim für die Schriften seines Verlags und Herrn Musikdirector Rist in Durlach für die Uebersendung seiner Orgel- und Gesangscompositionen.

Von Herzen danken wir auch den edlen Frauen, welche ihre wohlwollende Theilnahme an unserer Anstalt durch zweckmäßige, reichliche Gaben an einzelne Zöglinge auch im verfloßenen Jahre bewiesen.

Zur Vertheilung von Stipendien enthielt der Voranschlag der Anstalt für 1876 nachstehende Summe:
1. Aus Stiftungsfonds:
Von der Friedericenstiftung in Karlsruhe 471 M. 43 Pf.
Von der Libell'schen Stiftung „ „ 342 „ 86 „
Von der Stulz'schen „ „ „ 600 „ — „ 1414 M. 29 Pf.
2. Aus Staatsmitteln: 7285 „ 71 „
Summe 8700 M. — Pf.

Nach Erlaß Großh. Oberschulraths vom 8. Dezember 1876 Nr. 16,914 wurden nachstehende Stipendien bewilligt:
1. Aus der Friedericenstiftung:

1 Stipendium in III. Classe zu	188 M. 57 Pf.
3 Stipendien „ I. „ „ je 94 M. 29 Pf. =	282 „ 87 „
	471 M. 44 Pf.

2. Aus der übrigen Summe:

In der I. Classe:

6 Stipendien zu je 130 M.	6 Stipendien zu je 80 M.
10 „ „ „ 100 „	5 „ „ „ 50 „

In der II. Classe:

6 Stipendien zu je 140 M.	9 Stipendien zu je 100 M.
6 „ „ „ 120 „	1 „ „ „ 60 „

In der III. Classe:

4 Stipendien zu je 160 M.	11 Stipendien zu je 130 M.
5 „ „ „ 150 „	

Zur Nachricht.

1. Die Dienstprüfung für 1877 findet Dienstag den 10. April und die folgenden Tage statt.

2. Die Prüfung der Aspiranten wird vom 17. bis 20. April abgehalten. Dieselben haben ihre Zeugnisse: Taufschein, Impfschein, Sittenzeugniß des Pfarramts, Zeugnisse über bisherigen Unterricht, wobei genau anzugeben ist, wie lange der Aspirant bei dem betreffenden Lehrer den Unterricht genossen, ein ärztliches Zeugniß und Vermögenszeugniß bis spätestens 14 Tage vor der Prüfung portofrei hierher einzusenden. Letzteres hat den Nachweis zu enthalten, ob der Aspirant die neben den Stipendien erwachsenden Kosten bestreiten kann. Beim Eintritt hat Jeder das Kostgeld für das erste Halbjahr mit 90 Mark und den ersten öconomischen Beitrag mit 10 Mark zu bezahlen. Im Uebrigen wird das Kostgeld vierteljährig zum Voraus erhoben; es werden den Zöglingen jeweils beim Eintritt der Ferien die Forderungszettel mitgegeben, welche sofort nach der Rückkehr zu berichtigen sind. Das Kostgeld beläuft sich für das Jahr auf circa 190 Mark. Ein Nachlaß kann nur von der Zeit an eintreten, wo über die Vertheilung von Stipendien schon Beschluß gefaßt ist, was erst im Monate Dezember geschieht. Soferne die Möglichkeit, den Anforderungen der Kostkasse nachkommen zu können, bei einem Aspiranten zweifelhaft erscheint, müssen wir die Aufstellung eines Bürgen verlangen. Beim Eintritt hat Jeder seine Leibwäsche, deutlich gezeichnet, Handtücher, Waschbecken, Schwamm und Bürsten mitzubringen.

3. Der Unterricht im neuen Schuljahr beginnt Montag den 23. April. Die II. und III. Classe hat sich Samstag den 21. April hier einzufinden.

III.
Personalstand der Anstalt.

A. Lehrer.

1) Am Seminar:
   Ferdinand Leutz, Director.
   Albert Schmidt, Professor.
   Martin Schweickert, Seminarlehrer,
   Ferdinand Kramm,   "
   Ludwig Schneider,   "
   Alfred Maul, Director der Turnlehrerbildungsanstalt, in Verbindung mit den Turnlehrern Kaller und Rösch,
   Wilhelm Brenk, Musiklehrer, für das Violinspiel,
   Heinrich Eyth, Zeichenlehrer.
2) An der Seminarschule:
   Tobias Hauert,
   Konrad Gebhardt, bis October 1876,
   Christoph Gräber, seit October 1876,
   Adolf Neuwirth,
   Christian Schechter, bis October 1876,
   Karl Gutmann, seit October 1876,
   August Meinzer.

B. Verwaltung.

Seminarfondsverrechner: Carl Reiß, Stiftungsverwalter.
Kostverrechner: Seminarlehrer Kramm.

C. Anstaltsarzt.

Medicinalrath Dr. E. Meier.

Seminardiener.
Josef Götz.

IV.
Uebersicht des Unterrichts.

I. Religion.

I. Classe. Bibelkunde. Lesen und Erklären von ausgewählten Abschnitten aus den historischen Büchern des alten und neuen Testaments und geeigneter Stellen aus den prophetischen Büchern. Biblische Geographie und Alterthumskunde. Glaubens- und Sittenlehre, soweit sie aus den gelesenen Abschnitten sich ergeben, mit Hinweisung auf den Katechismus. Lieder aus dem Gesangbuch und deren Geschichte. Das Kirchenjahr. — 3 Std. wöch.

II. Classe. Die Lehrbücher des alten und neuen Testaments mit Hervorhebung der daraus sich ergebenden Glaubens- und Sittenlehren und Hinweisung auf den Katechismus. Lieder aus dem Gesangbuch. — 3 Std. wöch.

III. Classe. Uebersicht der biblischen Geschichte im Zusammenhang. Die christliche Lehre nach Anleitung des Katechismus. Geschichte der christlichen Kirche nach dem für die evangel. Schulen bestimmten Leitfaden. Die wichtigsten Bekenntnißschriften. Anweisung zur Ertheilung des Religionsunterrichts in den Volksschulen. — 2 Std. wöch. Leutz.

In den täglichen Morgen- und Abendandachten werden Stücke des Neuen und Alten Testaments gelesen und erklärt. An den Sonntagen wird vor Beginn des Gottesdienstes der jeweilige Text erläutert und erbaulich angewendet.

II. Erziehungs- und Unterrichtslehre.

III. Classe.   A. Theoretischer Theil.
1. Die anthropologischen und psychologischen Grundsätze, soweit sie der Erziehungs- und Unterrichtslehre zur Grundlage dienen.
2. Geschichte der Pädagogik vom Eintritt des Christenthums bis auf Pestalozzi.
3. Methodik. Schuldisciplin. Allgemeine Methodik. Geschichte und Besprechung der Methodik der einzelnen Lehrgegenstände auf Grund des Lehrplans für Volksschulen. — 4 Std. wöch.   Leutz.

B. Practischer Theil.

Die practischen Uebungen im Schulhalten sind so geregelt, daß die Zöglinge nach vorausgehender Musterlection des Lehrers in jedem der 4 Hauptgegenstände — Religion, Sprache, Rechnen, Realien — in der Seminarschule unter Beisein des Fachlehrers unterrichten, in den Realien mehr in den oberen, in den übrigen Fächern mehr in den unteren Classen. Die Uebungen werden vorher schriftlich ausgearbeitet. — 6 Stb. wöch.

III. Deutsche Sprache.

I. Classe. 1) Sprachlehre. Der einfache und erweiterte Satz. Der zusammengesetzte Satz im Allgemeinen. Das Wichtigste aus der Wortlehre. Orthographie und Interpunktion. Zergliederung von Lesestücken.

2) Lectüre. Laut- und tonrichtiges Lesen prosaischer und poetischer Musterstücke mit sprachlicher und sachlicher Erklärung. Wiedergabe des Gelesenen. Vortrag auswendig gelernter Stücke.

3) Aufsatz. Erzählungen, Fabeln, leichtere Beschreibungen und Schilderungen, kleine Abhandlungen, Inhaltsangabe von Gedichten, Geschäftsaufsätze. — Wöchentlich 7 Stunden.

Schneider.

II. Classe. 1) Sprachlehre. Wiederholung und Erweiterung des früher Gelernten. Der zusammengesetzte Satz. Wortbildung. Interpunktion. Zergliederung von Lesestücken.

2) Lectüre. Fortgesetzte Uebung im laut- und tonrichtigen Lesen prosaischer Musterstücke mit sprachlicher und sachlicher Erklärung. Angabe des Inhalts und der Darstellungsart des Gelesenen. Vortrag auswendig gelernter Stücke.

3) Aufsatz. Schriftliche Arbeiten wurden geliefert über folgende Themata:
1. Die Landes-Gewerbehalle. (Beschreibung.)
2. Die Gottesurtheile der alten Deutschen.
3. Hütte, Haus, Palast, Schloß, Burg.
4. Die Eisenbahnen.
5. Die Erzählung von dem Taucher Nicolaus, genannt der Fisch (Pescecola) und Schillers Taucher.
6. Gold und Eisen.
7. Die Fehmgerichte.
8. Wie wendet man seine Ferien auf zweckmäßige Weise an?

Abwechselnd hiemit wurden Aufgaben in der Schule ausgearbeitet, meist im Anschluß an die Lectüre. Inhaltsangabe von Gedichten. Nachbildungen. Erklärung von Sprüchwörtern. — Wöchentlich 6 Stunden.

III. Classe. 1) **Sprachlehre.** Wiederholung der gesammten Sprach‍lehre mit eingehenderer Behandlung einzelner wichtiger Partien. Zergliederung von Lesestücken.

2) **Lectüre.** Darstellung der Entwicklung der deutschen Literatur, insbesondere seit Klopstock. Die Elemente der Metrik. Gelesen und erklärt wurden in den wichtigsten Theilen: „Hermann und Dorothea", „Wilhelm Tell" und „Wallenstein". Auswendig gelernt: „Das Lied von der Glocke".

3) **Aufsatz.** Aufsätze sind ausgearbeitet worden über folgende Themata:
1. Die Sprache des Frühlings.
2. Warum ist der Mittelstand hoch zu preisen?
3. Zerstören, verheeren, verwüsten, veröden.
4. Auf welche Weise wird der Thierquälerei von Seiten der Volksschule mit Erfolg entgegengearbeitet?
5. Welches sind die Vortheile und Nachtheile des gemeinschaft‍lichen Unterrichts bei Schülern mehrerer Jahrgänge?
6. Charakterschilderung Wallensteins. (Nach Schiller).
7. Gedankengang in Schillers „Lied von der Glocke".
8. „Man lehre nicht die Wissenschaften, sondern pflanze Liebe zu ihnen ein". Rousseau.

Einige kleinere schriftliche Arbeiten (Dispositionen, dienstliche Eingaben an Behörden) wurden in der Klasse angefertigt.

Anleitung zur Ertheilung deutschen Sprachunterrichts in der Volksschule mit praktischen Uebungen in der Seminarschule. — Wöchentlich 6 Stunden. Schmidt.

IV. Rechnen.

I. Classe. Die Bildung der Zahl und ihre Darstellung. Die vier Rechnungsarten mit unbenannten und benannten, ganzen und ge‍brochenen Zahlen. Die Decimalbrüche und deren Anwendung auf unsere Münzen, Maße und Gewichte. Zweisatzrechnungen. Nach Gruber. — 3 Std. wöch.

II. Classe. Der Zweisatz und Kettensatz und schwierigere Schlußrech‍nungen. Die Grundrechnungsarten mit entgegengesetzten Größen und Buchstabenausdrücken; Potenzen und Wurzeln. Proportionen‍lehre. Gleichungen des ersten Grades mit **einer** Unbekannten. — 3 Std. wöch.

III. Classe. Wiederholung der schwierigeren Schlußrechnungen. Glei‍chungen des ersten Grades mit mehreren Unbekannten und Gleichun‍gen des zweiten Grades mit **einer** Unbekannten. Arithmetische und geometrische Progressionen und die Logarithmen mit Anwen‍dung auf Zinses-Zins- und Rentenrechnung. — 2 Std. wöch.

Methodik des Rechenunterrichts in der Volksschule in Verbindung mit practischen Uebungen in den 3 unteren Classen der Seminarschule. — 2 Std. wöch.

Schneider.

V. Geometrie.

I. Classe. Geometrischer Anschauungsunterricht. Die Lehrsätze von den Winkeln, von der Congruenz der Drei=, Vier= und Vielecke. Constructionen und Berechnungen. — 2 Std. wöch.

II. Classe. Gleichheit und Aehnlichkeit der gerablinigen Flächenfiguren. Der Kreis. Constructionen und Berechnungen. — 2 Std. wöch.

III. Classe. Wiederholung der schwierigeren Theile des vorangegangenen Unterrichts; Practische Uebungen in Feld= und Höhenmessung.

Stereometrie: die Lage der Linien und Ebenen im Raume: Flächen= und Körperwinkel. Die geometrischen Körper, deren Oberflächeninhalt, Raumbestimmung und Rauminhalt.

Anleitung zur Ertheilung des geometrischen Unterrichts in der Volksschule. — 2 Std. wöch.

Schneider.

VI. Geographie.

I. Classe. Das Wichtigste aus der allgemeinen Geographie. Die Planigloben. Baden. Deutschland. — 2 Std. wöch.

II. Classe. Wiederholung und Erweiterung der allgemeinen Geographie. Die Staaten Europas. Asien und Afrika. — 2 Std. wöch.

III. Classe. Amerika und Australien. Das Wichtigste aus der Himmelskunde. Anleitung zur Ertheilung des geogr. Unterrichts in der Volksschule. — 2 Std. wöch.

Die Zöglinge benützen das Lehrbuch von Seydlitz.

Schweickert.

VII. Geschichte.

I. Classe. Ueberblick über die Geschichte der alten Völker bis zum Untergang Westroms. 2 Std. wöchentlich.

II. Classe. Allgemeine Geschichte mit besonderer Berücksichtigung der deutschen Geschichte, von der Völkerwanderung bis zum westfälischen Frieden. — 2 Std. wöch.

III. Classe. Neuere Geschichte. Vom 30jährigen Krieg bis 1815. Repetitionen aus der alten und mittleren Geschichte. Nach Webers Weltgeschichte. — 2 Std. wöch.

Schmidt.

VIII. Naturgeschichte.

I. Classe. Beschreibung einzelner Pflanzen und Thiere. Der Ackerboden und seine Bearbeitung; Das Wichtigste aus der Düngerlehre. — 2 Std. wöch.

II. Classe. Uebungen im Bestimmen der Pflanzen auf Grund des Linnéischen Systems. Bau und Lebensverrichtungen der Pflanzen. Die Wirbelthiere. — 2 Std. wöch.

III. Classe. Die bekannten einfachen Gesteine; die verbreitetsten Gebirgsarten und deren Lagerung. Wiederholung des Thierreichs.
Anleitung zur Ertheilung des naturgeschichtlichen Unterrichts in der Volksschule. — 2 Std. wöch.
Die Zöglinge benützen den Leitfaden von Leunis.

Schweickert.

IX. Naturlehre.

I. Classe. Die allgemeinen Eigenschaften und Kräfte der Naturdinge, erläutert an einzelnen Erscheinungen. — 1 Std. wöch.

II. Classe. Bewegungsgesetze der festen, flüssigen und luftförmigen Stoffe. Die Lehre vom Schalle. — 2 Std. wöch.

III. Classe. Das Wichtigste aus der Lehre vom Lichte, von der Wärme, vom Magnetismus und der Electricität. Anleitung zur Ertheilung dieses Unterrichts in der Volksschule. — 2 Std. wöch.
Die Zöglinge benützen das Lehrbuch von Frick.

X. Schönschreiben.

I. Classe. Die deutsche Schrift. — 2 Std. wöch.

II. Classe. Die lateinische und die Rundschrift. Anleitung zur Ertheilung des Schönschreibunterrichts. — 2 Std. wöch.

Schweickert.

XI. Zeichnen.

A. Freihandzeichnen.

I. Classe. Umrißzeichnen nach der Wandtafel. — 2 Std. wöch.

II. Classe. Nachbildung schattirter Vorlagen in gleichem und verändertem Maßstab und Darstellung mittelst schwarzem und farbigem Stift, Kohle und Pinsel. — 2 Std. wöch.

III. Classe. Zeichnen nach Vorlage und Modell und Uebung im Wandtafelzeichnen. Zeichnen gerad- und gebogenliniger Ornamente, als ersten Unterrichtsstoff für die Volksschule. — 2 Std. wöch.

Als Vorlagen in den verschiedenen Kursen dienen:

1. Für das Zeichnen im Umriß:
Herdtle, „24 Vorlagen für Anfänger im Freihandzeichnen".

2. Für das Zeichnen mit Schattenangabe:
Jakobsthal, „Grammatik der Ornamente".
Grellet, „Cours d'ornament".
Blery und Jullieu, „Études de plantes".
3. Für Modellzeichnen:
Gypsabgüsse aus der Modellir=Anstalt der königl. Württ. Centralstelle für Gewerbe und Handel in Stuttgart.

Eyth.

B. **Geometrisches Zeichnen.**
I. Classe. Einfache geometrische Konstructionen; geometrische Ornamente. — 1 Std. wöch.
II. Classe. Geometrische Konstructionen. — Projection des Punktes, der geraden Linie, ebener Figuren und geometrischer Körper. — 1 Std. wöch.
III. Classe. Projection geometrischer Körper; Körperschnitte; Durchdringungen. — 1 Std. wöch. Schneider.

XII.
A. Gesang.

I. Classe. Allgemeine Regeln der Stimmbildung. Uebungen auf Grundlage der Dur= und Molltonleitern und der Accordtöne. Die rythmischen und dynamischen Verhältnisse der Töne. Choräle, ein- und mehrstimmig; mehrstimmige Figuralgesänge. — 2 Std. wöch.
II. Classe. Fortsetzung der elementaren Gesangübungen. Unterweisung in den wesentlichen Regeln des Vortrags. Uebungen im mehrstimmigen Gesang. — 2 Std. wöch.
III. Classe. Erweiterung des in den vorausgehenden Classen Behandelten. Größere vierstimmige Gesänge. Anleitung zur Behandlung des Gesangunterrichts in der Volksschule. — 2 Std. wöch.
(Bei den Uebungen im mehrstimmigen Gesang sind zum Theil zwei, öfters auch sämmtliche Classen vereinigt worden.)

Kramm.

B. Orgelspiel.

(Jede Classe ist für das praktische Spiel in 4 Abtheilungen gebracht.)
I. Classe. a. Einübung von Dur= und Molltonleitern; Klavier-Uebungen zur Vorbereitung für das Orgelspiel; Choräle und leichte Orgelstücke aus dem Choralbuche der evangelischen Landeskirche. — b. (Harmonielehre.) Das Tonsystem, Kenntniß der Intervalle, Kenntniß der Tonarten, die Lehre von den Accorden mit ihren verschiedenen Lagen. — 5 Std. wöch.
II. Classe. a. Weitere Scala=Uebungen; Klavierstücke von Czerny, Kuhlau, Clementi, Mozart; Präludien aus dem kirchlichen Choral-

und Präludienbuche in entsprechender Auswahl und fortschreitender Stufenfolge. — b. (Harmonielehre.) Erweiterung der Accordenlehre; Kenntniß der Vorhalte, Durchgänge, Tonschlüsse, Tonverwandtschaften; Uebungen im mehrstimmigen Tonsatze. (Mit Benützung des Lehrbuchs von Bell.) — 5 Std. wöch.

III. Classe. a. Uebungen aus Rinck's Orgelschule. Präludien aus dem kirchlichen Choral= und Präludienbuche, mit besonderer Berücksichtigung des Pedalspiels; Klavier=Uebungen. — b. (Harmonielehre.) Fortsetzung und Erweiterung des im zweiten Kurs Behandelten; Modulationen; Tonsatz für Männerchor und gemischten Chor, Zergliederung von Gesang= und Orgelstücken in Verbindung mit Bemerkungen über Stimmführung, sowie über richtige Vortragsweise. (Lehrbuch wie bei Classe II). — c. Das Wesentliche über die Einrichtung der Orgel und den Gebrauch der verschiedenen Orgelregister. — 5 Std. wöch. Kramm.

C. Violinspiel.

I. Classe. Unterricht von den ersten Anfangsgründen des Violinspiels an, mit Benützung der Violinschule von Fr. Wohlfahrt. Außerdem wurden Choräle und Volkslieder einstudirt. — 2 Std. wöch.

II. Classe. Das in der ersten Classe Gelernte wurde fleißig wiederholt und die Kenntnisse wurden bis zum Schlusse von Brähmig's Violinschule ersten Theils, sowie einigen Nummern des zweiten Theils erweitert. Außerdem wurden Choräle und Volkslieder, sowie die 3 ersten Duetten von Gebauer, Op. 10 einstudirt. — 2 Std. wöch.

III. Classe. Der erste Theil von Brähmig's Violinschule wurde wiederholt. Aus dem zweiten Theil derselben Schule wurden die Uebungen und Stücke bis zu Nr. 38, sowie sämmtliche Tonleitern durchgenommen. Sämmtliche 6 Duetten von Pleyel Op. 8 wurden einstudirt. Zur Uebung im mehrstimmigen Zusammenspiel dienten außer den Chorälen des badischen Gesangbuches (für 3 Violinen, Cello und Contrabaß) noch die von H. Stecher für 3 und 4 Violinen eingerichteten Tonstücke als praktisches Unterrichtsmaterial. — 2 Std. wöch. Brenk.

XIII. Turnen.

I. Classe. Wöchentlich 2 Stunden.
Die Ordnungs=, Frei= und Stabübungen für das erste bis dritte Jahr des Turnunterrichtes an Volksschulen (nach der „Anleitung für den Turnunterricht in Knabenschulen" von A. Maul, II. Theil). Die Geräthübungen an den fünf ersten Stufen mit Auswahl (nach dem „Lehrplan für den Turnunterricht" von A. Maul.
Maul. Kaller.

II. Claſſe. Wöchentlich 2 Stunden.

Die Ordnungs-, Frei- und Stabübungen für das vierte und fünfte Jahr des Turnunterrichts an den Volksſchulen; die Gerätheübungen aus der Oberſtufe des Gymnaſialturnens mit Auswahl (nach den oben genannten Leitfäden). Im letzten Vierteljahr Uebungen im Befehlen.   M a u l.   R ö ſ c h.

III. Claſſe. Wöchentlich 2 Stunden.

Das Wichtigſte aus der Methodik und Syſtematik des Schulturnens. Practiſche Wiederholung des Uebungsſtoffs für das Turnen in Volksſchulen. Im Winterſemeſter in zwei beſonderen Stunden Unterrichtsübungen im Turnen, wozu Turnſtunden der beiden oberen Klaſſen der Seminarknabenſchule benutzt wurden.

Freiturnen für alle Claſſen mittags von 12 bis 12½ und winters außerdem in je einer Abendſtunde wöchentlich.

                                                               M a u l.

V.
Verzeichniss
der Zöglinge im Schuljahr 1876 auf 1877.

* = ausgetreten.

I. Classe.

Name.	Geburtsort.	Wohnort der Eltern.
1. * Balschbach, Karl.	Ruchsen.	Hemsbach.
2. Bauer, Ludwig.	Eichtersheim.	Schwetzingen.
3. Bender, Friedrich.	Eschelbach.	Eschelbach.
4. Brandmaier, August.	Lohrbach.	Lohrbach.
5. Brauß, Andreas.	Lohrbach.	Lohrbach.
6. Breithaupt, Jakob.	Gutach.	Gutach.
7. Bühler, Friedrich.	Neckarhausen.	Neckarhausen.
8. Dinkel, Georg.	Eschelbronn.	Eschelbronn.
9. Fath, Wilhelm.	Leutershausen.	Mannheim.
10. Gerbert, Adam.	Schönau.	Schönau.
11. Greiner, Emil.	Glashütten.	Glashütten.
12. Häcker, Nikolaus.	Ritschweiher.	Ritschweiher.
13. Hagenborn, Albert.	Muckenschopf.	Rintheim.
14. Hauth, Friedrich.	Waldhilsbach.	Auerbach.
15. Hauth, Leopold.	Staffort.	Staffort.
16. Heck, Wilhelm.	Sattelbach.	Sattelbach.
17. Heckmann, August.	Bischoffingen.	Mosbach.
18. Hermann, Friedrich.	Linkenheim.	Linkenheim.
19. Hottenstein, Peter.	Thairnbach.	Thairnbach.
20. Hutter, Wilhelm.	Opfingen.	Opfingen.
21. Kälber, Karl.	Oberschefflenz.	Oberschefflenz.
22. * Karl, Karl Ludwig.	Lohrbach.	Lohrbach.
23. Kopp, Heinrich.	Kirchardt.	Hasselbach.
24. Lang, Albert.	Linkenheim.	Linkenheim.
25. Leinberger, Heinrich.	Flinsbach.	Flinsbach.
26. Lenz, Karl Wilhelm.	Fahrenbach.	Fahrenbach.
27. Leutz, Karl.	Hochhausen.	Hochhausen.
28. Mayer, Friedrich.	Laudenbach.	Hügelheim.
29. Müller, Johann.	Schillingstadt.	Schillingstadt.
30. Ris, Gustav.	Unterschüpf.	Unterschüpf.
31. Ritzhaupt, Jakob.	Wiesloch.	Wiesloch.

Name.	Geburtsort	Wohnort der Eltern.
32. Röbel, Adam.	Lützelsachsen.	Lützelsachsen.
33. Sauer, Jakob.	Steinklingen.	Steinklingen.
34. Schlotterbeck, Jakob.	Gondelsheim.	Gondelsheim.
35. Schmidt, Nikolaus.	Wünschmichelbach.	Wünschmichelbach.
36. Schulz, Adam.	Ritschweiher.	Ritschweiher.
37. Schwarz, Heinrich.	Bobstadt.	Bobstadt.
38. Sperber, Karl.	Dallau.	Dallau.
39. Stauch, Wilhelm.	Schillingstadt.	Schillingstadt.
40. Wältner, Daniel.	Schönau.	Schönau.
41. Weigold, Martin.	Ritschweiher.	Ritschweiher.
42. Weis, Maximilian.	Linkenheim.	Linkenheim.
43. Wörner, Gottfried.	Schillingstadt.	Schillingstadt.

II. Classe.

Name.	Geburtsort	Wohnort der Eltern.
1. Bender, Martin.	Dallau.	Dallau.
2. Bock, Valentin.	Feudenheim.	Feudenheim.
3. Bodenheimer,	Diersburg.	Gengenbach.
4. Boxberger, Friedrich.	Uiffingen.	Uiffingen.
5. Bräuninger, Karl.	Waldangelloch.	Waldangelloch.
6. Bühler, Sigmund.	Leutesheim.	Wieblingen.
7. Ernst, Adolf.	Unterschefflenz.	Unterschefflenz.
8. Ettner, Friedrich.	Strümpfelbrunn.	Strümpfelbrunn.
9. Fath, Johann.	Heddesheim.	Heddesheim.
10. Feuerstein, Georg.	Schönau.	Carlsruhe.
11. Glaser, Gustav.	Staffort.	Staffort.
12. Greiner, Johann Georg.	Glashütten.	Glashütten.
13. Hermann, August.	Grünwettersbach.	Grünwettersbach.
14. Hildinger, Karl.	Untermutschelbach.	Untermutschelbach.
15. Hummel, Jakob.	Diersheim.	Diersheim.
16. Kaufmann, Philipp.	Sinsheim.	Sinsheim.
17. Köchlin, Georg.	Weisweil.	Weisweil.
18. Meng, Sebastian.	Neckarhausen.	Neckarhausen.
19. Müller, Michael.	Lützelsachsen.	Lützelsachsen.
20. Obländer, Johannes.	Sachsenhausen.	Sachsenhausen.
21. Paul, Ernst.	Gersbach.	Gersbach.
22. Riegler, Johannes.	Eppingen.	Eppingen.
23. Rinkel, Wilhelm.	Altenheim.	Altenheim.
24. Ruffler, Karl.	Schönau.	Schwetzingen.

	Name.	Geburtsort.	Wohnort der Eltern.
25.	Schäfer, Johann.	Lützelsachsen.	Lützelsachsen.
26.	Schönberger, Christian.	Oberschaffhausen.	Oberschaffhausen.
27.	Ströbel, Johann.	Sachsenflur.	Sachsenflur.
28.	Stroh, Stephan.	Eichtersheim.	Eichtersheim.
29.	Thoma, Friedrich.	Wölchingen.	Wölchingen.
30.	Ullmer, Gottlieb.	Hochsachsen.	Hochsachsen.
31.	Wältner, Georg.	Schönau.	Schönau.
32.	Weis, Jacob.	Waldkatzenbach.	Waldkatzenbach.
33.	Werner, Wilhelm.	Eppingen.	Eppingen.
34.	Ziegler, Ernst.	Eichholz.	Elbenschwand.

III. Classe.

	Name.	Geburtsort.	Wohnort der Eltern.
1.	Albrecht, Friedrich.	Bauschlott.	Bauschlott.
2.	Baust, Philipp.	Plankstadt.	Plankstadt.
3.	Beisel, Jakob.	Mückensturmerhof.	Spielberg.
4.	Borell, Ludwig.	Hagsfeld.	Hagsfeld.
5.	Christmann, Georg.	Altenbach.	Altenbach.
6.	Dürr, Wilhelm.	Staffort.	Staffort.
7.	Gabriel, Wilhelm.	Bodersweier.	Bodersweier.
8.	Geier, Heinrich.	Neckarbischofsheim.	Neckarbischofsheim.
9.	Groß, Reinhard.	Eichstetten.	Eichstetten.
10.	Höfer, Gabriel.	Schriesheim.	Schriesheim.
11.	Kiß, Friedrich.	Ihringen.	Ihringen.
12.	Kirschbaum, Heinrich.	Unterkessach.	Hilsbach.
13.	Klopp, David.	Leutesheim.	Leutesheim.
14.	Köbler, Georg.	Nöttingen.	Feudenheim.
15.	Krauß, Philipp.	Graben.	Graben.
16.	Leonhardt, Adam.	Lützelsachsen.	Lützelsachsen.
17.	Linninger, August.	Trienz.	Lützelsachsen.
18.	Löffler, Jacob.	Neckargerach.	Neckargerach.
19.	Meinzer, Gustav.	Bruchsal.	Hochstetten.
20.	Menges, Karl.	Buchenberg.	Bahlingen.
21.	Nagel, Wilhelm.	Unterschwarzach.	Eppingen.
22.	Reinmuth, Ludwig.	Wallstadt.	Wallstadt.
23.	Reuther, Gustav.	Wollenberg.	Heddesheim.
24.	Schmidt, Friedrich.	Eichstetten.	Eichstetten.
25.	Schneider, Peter.	Lützelsachsen.	Lützelsachsen.

Name.	Geburtsort.	Wohnort der Eltern.
26. Scholer, Wilhelm.	Gallenweiler.	Gallenweiler.
27. Schuhmacher, Wilhelm.	Kleineicholzheim.	Kleineicholzheim.
28. Thorwart, Johannes.	Leutesheim.	Leutesheim.
29. Waldi, Karl.	Oftersheim.	Eichtersheim.
30. Weber, Friedrich.	Mühlburg.	Mühlburg.
31. Zimmermann, August.	Bruchsal.	Bruchsal.
32. Zimmermann, Franz.	Eppelheim.	Eppelheim.
33. Zimmermann, Friedr.	Wollbach.	Wollbach.

VI.

Der Unterricht

an der

mit dem Schullehrerseminare I. verbundenen

Knabenschule.

1876—1877.

Prüfung.

Freitag, den 23. März.

Vormittags.

8—10 Uhr: V. Classe.

10—11 Uhr: I. Classe.

11—12 Uhr: II. Classe.

Nachmittags.

½3—½4 Uhr: III. Classe.

½4—5 Uhr: IV. Classe.

Zum Schluß: Turnen.

Der Unterricht des neuen Schuljahres beginnt Montag den 9. April. Außer den bereits angemeldeten können keine Schüler mehr aufgenommen werden.

I. Classe.

I. Jahrgang. Kinder von 6—7 Jahren.

Religion. 16 Geschichten des alten und neuen Testaments wurden frei erzählt, durch Abfragen den Kindern zum Verständniß gebracht und von diesen auf einfache Weise wiedergegeben. In Verbindung mit den Geschichten wurden 32 biblische Sprüche, einige Sittensprüche und das Lied 484 des Gesangbuches gelernt. — 4 Std. wöch.

Sprachunterricht. 1. Nach Vorschrift des Lehrplans wurden Sätze in Wörter, diese in Silben und die Silben in Laute zerlegt. 2. Lesen: Im Sommerhalbjahr die erste und im Winter die zweite Abtheilung der Fibel bis zum Schlusse. 3. Schreiben: Abschreiben von der Wandtafel und aus der ersten und zweiten Abtheilung der Fibel; Dictate leichter Sätze. — 9 Std. wöch.

Anschauungsunterricht. Sprechübungen über Gegenstände aus der Umgebung der Kinder. — 1½ Std. wöch.

Rechnen. Zu- und Abzählen mit den Zahlen 1—9 innerhalb des Zahlenkreises von 1—100 in reinen und angewandten Zahlen, mündlich und schriftlich. — 4 Std. wöch.

Gesang. Gehör- und Stimmübungen, Choräle und einige Schullieder — 1½ Std. wöch. Meinzer.

II. Classe.

II. Jahrgang. Kinder von 7—8 Jahren.

Religion. Es wurden 35 biblische Geschichten des alten und neuen Testaments behandelt in Verbindung mit 70 Sprüchen aus dem Katechismus und folgenden Liedern: 63, 103, 161, 175, 271, 293, 309, 491. — 5 Std. wöch.

Deutsche Sprache. Im ersten Theil des Lesebuchs für Volksschulen wurde gelesen bis Lesestück Nr. 200. Nacherzählen eingehend behandelter Lesestücke. Vortrag einer Anzahl auswendig gelernter Gedichte und Fabeln. Uebungen im Buchstabiren. Abschreiben aus dem Buche, Dictate, Niederschreiben memorirter Lesestücke aus dem Gedächtniß. Umsetzen von Lesestücken in die 3 Hauptzeiten, desgleichen in die Einzahl und Mehrzahl. Orthographische und sprachliche Uebungen des zweiten und dritten Schuljahrs im Anhang des Lesebuchs. — 8 Std. wöch.

Rechnen. Zu- und Abzählen der Zahlen von 5—10 im Zahlenkreis bis 100. Das Vervielfachen, Theilen und Enthaltensein der Zahlen innerhalb der Grenzen des Einmaleins. Das Zerlegen der Zahlen. Zu- und Abzählen 1 und 2stelliger Zahlen im Zahlenraum von 1—1000 mündlich, in reinen und angewandten Zahlen. Schriftliches Zu- und Abzählen 1-, 2- und 3stelliger Zahlen im Zahlenraum von 1—1000. — 6 Std. wöch.

Schönschreiben. Die kleinen und großen Buchstaben des deutschen Alphabets, einzeln und zu Wörtern und Sätzen verbunden, innerhalb vierfacher Linien auf Papier. Taktschreiben. (Proben liegen vor.) — 3 Std. wöch.

Anschauungsunterricht. Besprechungen über Gegenstände in Haus, Garten, Feld und Wald, mit Benützung der Wille'schen Bildertafeln. Im Winterhalbjahr Heimatkunde. — 2 Std. wöch.

Gesang. Gehör= und Stimmübungen, Choräle und Figurallieder. — 2 Std. wöch.

Ostern bis Herbst Schechter, von da an Gutmann.

III. Classe.

III. Jahrgang. Schüler von 8—9 Jahren.

Religion. Eine Anzahl biblischer Geschichten des alten und neuen Testaments in Verbindung mit Sprüchen aus dem Katechismus. Lieder des Gesangbuches wurden gelernt: Nr. 103, 137, 291, 309, 313, 443. — 4 Std. wöch.

Deutsche Sprache. Lesen deutscher und lateinischer Druckschrift im I. Theil des Lesebuches für Volksschulen von Nr. 150 bis zum Schluß. Zusammenhängende Wiedergabe ausgewählter Lesestücke. Memorirübungen. Grammatische Uebungen: Das Pensum des 4. Schuljahres. Abschreiben mit deutscher und lateinischer Schrift, Dictate, Niederschreiben auswendig gelernter Lesestücke, Um= und Nachbildungen einzelner Lesestücke und kleine Aufsätze. — 9 Std. wöch.

Rechnen. Die vier Rechnungsarten mit unbenannten Zahlen. Mündliche und schriftliche Uebungen. — 6 Std. wöch.

Erdkunde. Der nördliche Theil des Großherzogthums Baden. — 1 Std. wöch.

Naturgeschichte. Betrachtung einer Anzahl Pflanzen und Thiere. — 1 Std. wöch.

Schreiben. Deutsche und englische Schrift. (Proben liegen vor.) — 3 Std. wöch.

Gesang. Choräle und Figurallieder, einstimmig; Gehör= und Stimmübungen. — 2 Std. wöch.

Neuwirth.

IV. Classe.

IV. und V. Jahrgang. Kinder von 9—11 Jahren.

Religion. 50 biblische Geschichten neuen Testaments in Verbindung mit 90 Sprüchen und folgenden Liedern des Gesangbuchs: Nr. 63, 103, 137, 175, 291, 443. — 4 Std. wöch.

Deutsche Sprache. a. Sprachlehre: Die lehrplanmäßige Aufgabe des 5. Schuljahrs. — b. Lesen deutscher und lateinischer Druckschrift, Erklären und Erzählen des Gelesenen. — c. Schriftliche Uebung: freies

Niederschreiben memorirter Stücke, sprachliche und orthographische Uebungen, kleine Aufsätze. — d. Memoriren verschiedener Gedichte. — 8 Std. wöch.

Rechnen. Untere Abth.: Die vier Rechnungsarten mit benannten Zahlen. Obere Abth.: Das Decimalbruchrechnen im Anschluß an die Maße und Gewichte. — 4 Std. wöch.

Geographie. Baden. — 1 Std. wöch.

Naturgeschichte. Im Sommer: Betrachtung einzelner Pflanzen; im Winter: Betrachtung folgender Thiere: Fledermaus, Fuchs, Igel, Eichhorn, Hirsch, Schwein, Rabe, Schwalbe, Sperling, Huhn, Storch, Ringelnatter, Hecht, Maikäfer Flußkrebs, Regenwurm — 1 Std. wöch.

Schreiben. Deutsche und englische Schrift — (Proben liegen vor) — 2 Std. wöch.

Zeichnen. Stigmographisches Zeichnen — (Proben liegen vor) — 2 Std. wöch.

Gesang. Choräle und Figurallieder, ein- und zweistimmig. Stimm- und Gehörübungen. — 2 Std. wöch.

Turnen. Die Uebungen des zweiten Schulturnjahres. — 2 Std. wöch.

Von Ostern bis Herbst Gebhardt, von da an Gräber.

V. Classe.

VI.—VIII. Jahrgang. Schüler von 12—14 Jahren.

Religion. a. Biblische Geschichte: Das alte Testament. — b. Katechismus: 1. Abtheilung: Sprüche von Frage 1—77; im Anhang Nr. 1—29. 2. Abtheilung: Alle vorgeschriebenen Sprüche. — c. Lieder: 1. und 2. Abtheilung: Alle Lieder. 2. Abtheilung: Bemerkenswerthes aus der Geschichte der Lieder. — d. Kirchengeschichte: Von der Reformation bis zum Schluß. — e. Bibellesen: Die vorgeschriebenen Kapitel der 5 Bücher Moses und das Evangelium Matthäi. — f. Bibelkunde: Die Bücher des alten Testaments. Biblische Geographie: Der Zug durch die Wüste; Palästina. Das Kirchenjahr. — 4 Std. wöch.

Deutsche Sprache. a. Lesen: Deutsche und lateinische Druckschrift. — b. Sprachlehre: 1. Abtheilung: Die Aufgabe des 6. Schuljahrs; 2. Abtheilung: Die Aufgabe des 7. Schuljahrs. — c. Schreibübungen: Die schriftlichen Uebungen zur Sprachlehre; Dictate, Nachbildungen, Erzählungen, Beschreibungen, Inhaltsangaben, Briefe und Geschäftsaufsätze. — d. Memorirübungen: Einige Gedichte zum Vortrag. — 6 Std. wöch.

Rechnen. Nach Scherers Rechenaufgaben, 1. Abtheilung: II. Heft; 2. Abtheilung: III. Heft; Kopfrechnen. — 4 Std. wöch.

Geometrie. Von den Linien, Winkeln, und ebenen Figuren, Messung und Berechnung derselben. — 1 Std. wöch.

Geographie. Deutschland und die übrigen Länder Europas; Zeichnen geographischer Skizzen. — 2 Std. wöch.

Geschichte. Bilder aus der deutschen Geschichte von Karl dem Großen bis zu den Befreiungskriegen. — 1 Std. wöch.

Naturgeschichte. Beschreibung einer Anzahl Pflanzen, Wirbelthiere, Gliederthiere und Weichthiere. — 1 Std. wöch.

Naturlehre. Die allgemeinen Eigenschaften der Körper; Gleichgewicht und Bewegung fester, tropfbar-flüssiger und luftförmiger Körper. — 1 Std. wöch.

Schreiben. Deutsche und lateinische Schrift. — 1 Std. wöch.

Zeichnen. Umrißzeichnen nach der Wandtafel und in gleichem und vergrößertem Maßstabe nach Vorlagen von Herdtle: Linearzeichnen nach Vorlagen von Müller — 2 Std. wöch.

Gesang. Die meisten Choräle einstimmig, einige zweistimmig; eine Auswahl zweistimmiger Figuralieder. — 1 Std. wöch.

Turnen. Ordnungs-, Frei- und Geräthübungen aus dem 3. und 4. Schulturnjahr. — 2 Std. wöch.

Aufsatzhefte, Schrift- und Zeichnenproben liegen vor.

Hauert.

Ueber die Bedeutung der Mundart in pädagogischer und sprachlicher Beziehung.

Von Professor A. Schmidt.

Soweit wir die deutsche Sprache aus den Schriftdenkmälern kennen, d. h. erst eine geraume Zeit nach der Einführung des Christenthums bei unsern Vorfahren und nicht vor dem achten Jahrhundert, reden wir von einem Hochdeutsch. Dies ist aber ursprünglich nicht in dem Sinne zu verstehen, den wir heutzutag damit verbinden, nämlich als gleichbedeutend mit Schriftsprache im Gegensatz zu den Mundarten, der Sprache der Literatur gegenüber der Sprache des gewöhnlichen Lebens, kurz einer höheren Sprache gegenüber einer niederen, gemeinern. Die unmißverständlichere Bezeichnung wäre vielmehr Oberdeutsch oder Süddeutsch im Unterschied von Niederdeutsch oder Norddeutsch. Das ganze deutsche Sprachgebiet, von der Nord- und Ostsee bis zu den südlichen Abhängen der Tiroler Alpen, zerfällt nämlich in zwei ungleiche Theile*), den kleineren nördlichen, wo das Niederdeutsche, und den größern südlichen, wo das Ober- (Hoch-) Deutsche herrscht**).

Seit wann es nun ein Hochdeutsch in unserm Sinn d. h. eine Schriftsprache gegeben, ist schwer zu bestimmen. Sicherlich nicht in der ersten Periode der deutschen Sprache, der sog. althochdeutschen — vom 7.

---

*) Die Grenze zieht sich von dem westlichsten Punkt unweit der Maas westlich von Düsseldorf zuerst in südöstlicher Richtung bis zu der Mündung der Sieg, von da nordöstlich nach Hannöverisch-Münden, wo sie die Fulda und Werra schneidet, von hier quer durch den Harz zur Elbe, die sie zwischen Dessau und Wittenberg überschreitet und hält sich dann auf ungefähr gleichem Breitegrad mit Wittenberg bis zum polnischen Sprachgebiet. Nach R. v. Raumer „Die Einwirkung des Christenthums auf die althochdeutsche Sprache." Stuttgart 1845. Vergl. K. Bernhardis Sprachkarte von Deutschland, Kassel 1844.
**) Schleicher („Die deutsche Sprache." Stuttgart 1869) nennt jene Dat-v. h. Das-Sprache, nach der verschiedenen Aussprache des bestimmten Artikels sächlichen Geschlechts (so jene: water, open, maken; diese: Wasser, offen, machen), wie in Frankreich ein Langue d'oc und Langue d'oni unterschieden wird.

bis Mitte des 12. Jahrhunderts — denn die aus dieser Zeit vorhandenen oberdeutschen Denkmäler*) unterscheiden sich so wesentlich nach den Dialecten, in denen sie abgefaßt sind, — dem alemannischen, schwäbischen, fränkischen und bairischen — trotz dem sie sich durch gegenseitige Berührung zu vermischen beginnen, daß eine Gemeinsprache daraus nicht erkannt werden kann.

Ob es in der zweiten Periode, der sog. mittelhochdeutschen (von der Mitte des 12. bis Ende des 15. Jahrhunderts) eine allgemein giltige Sprache gegeben, ist schwer zu sagen. Während früher nach dem Vorgang Lachmanns und J. Grimms allgemein angenommen wurde, daß als solche das Schwäbisch=Alemannische, die „höfische Sprache" durch den bestimmenden Einfluß des hohenstaufischen Kaiserhauses allgemeine Geltung erlangt habe, ist dies von Franz Pfeiffer**) theilweise, von H. Paul***) auf das entschiedenste in Abrede gestellt worden. Wie sehr nun auch bei den Vertretern der ersten Blüthezeit unserer Literatur: dem Schwaben Hartmann von Aue, dem Franken Wolfram von Eschenbach, dem Oesterreicher Walther von der Vogelweide und dem Alemannen †) (?) Gottfried von Straßburg das Gemeinsame das Trennende überwiegt — sind es ja doch nur verwandte süddeutsche Mundarten, in denen sie alle gesungen, — so kann trotzdem von einer Gemeinsprache wohl schon aus dem Grunde nicht die Rede sein, als sich ganz Mittel= und Norddeutschland davon abschloß, ersteres in der Folge sein eigenes Mitteldeutsch schuf (Sachsenspiegel), letzteres in seiner niederdeutschen Mundart Werke hervorbrachte, die in ihrer Art mustergiltig und würdig sind, denen jener oberdeutschen Dichter an die Seite gestellt zu werden. Zeuge dafür ist der Reineke Vos, jene einzig schöne Bearbeitung der Thiersage, die auch auf die folgenden Jahrhunderte, zu zahlreichen Nachahmungen reizend, fortgewirkt hat und durch Göthes Uebertragung jetzt allgemein bekannt ist (welch letztere übrigens dem naturwüchsigen Original gegenüber trotz allen Schönheiten abgeblaßt erscheint). Reineke Vos aber ist, so wenig als der Heliand aus der vorhergehenden Periode, als Dialektdichtung nach unsern heutigen Begriffen zu betrachten. In den letzten zwei Jahrhunderten dieser Periode trat mit der politischen Verwirrung eine solche Verwilderung in der Sprache ein, daß jeder Schriftsteller sich seines Heimathsdialectes bediente, und es also im 14. und 15. Jahrhundert nach allgemeiner Annahme wohl eine Reihe von Mundarten aber keine allgemein giltige Schriftsprache gab.

---

*) Die einzige niederdeutsche Dichtung aus dieser Periode ist der altsächsische „Heliand" (beim Hildebrandslied ist die Sache zweifelhaft); diese überragt aber auch weit alles, was wir aus dieser Zeit haben.
**) „Ueber Wesen und Bildung der höfischen Sprache in mittelhochdeutscher Zeit." Wien 1861.
***) „Gab es eine mittelhochdeutsche Schriftsprache?" Halle 1873.
†) Nach A. Holtzmann war er ein Oesterreicher aus einem Steiermärkischen Straßburg.

Anders wurde es mit Luther, von welchem an wir die Zeit des Neuhochdeutschen rechnen, und als dessen eigentlicher Begründer — nicht Schöpfer — er anzusehen ist. Denn nicht geschaffen hat Luther das Neuhochdeutsche, sondern eine schon vorhandene Sprache weiter ausgebildet und zu allgemeiner Geltung gebracht. Erklärt er doch selbst ausdrücklich, daß er sich der Sprache der „sächsischen Kanzlei" bediene, „welcher nachfolgen alle Fürsten und Könige in Deutschland". Dies war aber keine Mundart mehr, nicht „eine gewisse, sonderliche, eigene Sprache im Deutschen", sondern „die gemeine deutsche Sprache", geeignet von „Ober- und Niederländern" verstanden zu werden.

Diese Sprache der sächsischen Kanzlei war aber (nach W. Scherer*) nichts anderes als die „Hof-Kaiser- und Reichssprache", welche aus einer Mischung der bairisch-österreichischen und mitteldeutschen Mundart in Böhmen am Hofe der Luxemburger sich gebildet, alsdann auf die Habsburger übertragen, immer größere Ausdehnung gewann, die Sprache, in welcher, als das Lateinische aufhörte Geschäftssprache zu sein, die Beschlüsse der Reichstage und die Verordnungen der kaiserlichen Kanzlei abgefaßt wurden und die dann auch von den übrigen Fürstenhöfen und den Landesregierungen angenommen und nachgeahmt wurde. Daß Luther nicht gleichsam eine neue Sprache geschaffen**), wie oft mißverständlich angenommen wird, zeigt die Zahl vieler mittelhochdeutschen Formen, Wörter und Wendungen, die auch in den spätern Ausgaben nur theilweise abgeschwächt oder durch Neueres ersetzt, dem Lehrer eine genauere Kenntniß des Mittelhochdeutschen wünschenswerth machen müssen. Daß seitdem die Sprache fortgeschritten und die Sprache Lessings, Göthes und Schillers nicht die Sprache Luthers ist, braucht nicht erst bemerkt zu werden. Dadurch wird aber sein Verdienst nicht geschmälert.

„Die Lutherische Bibel war die entscheidende That zur Begründung einer einheitlichen deutschen Cultur und Sprache. Sie war der Schöpfungsact dessen, was wir heute unsere Nation nennen. Wir knüpfen an Luther unsere nationale Einheit, wie Italien die seinige an Dante***)." Dieses Verdienst allein ist es ja bekanntlich auch, welchem Luther einen Ehrenplatz in der Walhalla verdankt, von welchem ihn bei den bekannten Anschauungen des Gründers dieser deutschen Ruhmeshalle sein reformatorisches Wirken ausgeschlossen hätten. — Wenn auch Stämme, die seither einig gewesen, durch die kirchliche Bewegung getrennt worden, so sind umgekehrt solche, die sich seither fremd gegenüber gestanden, vereint worden; denn der große Stamm der Niedersachsen, der seither dem Geistesleben, das in Süddeutschland sich entfaltet hatte, fern geblieben, trat

---

*) „Die deutsche Spracheinheit" in dessen „Vorträgen und Aufsätzen zur Geschichte des geistigen Lebens in Deutschland und Oesterreich." Berlin 1874.

**) Hat er doch im Jahr 1516 ein Buch aus dem 14. Jahrhundert, die sog. „Teutsche Theologie" herausgegeben.

***) Sagt sehr richtig Scherer a. a. O.

mit Annahme der Reformation mit den südlicheren Stämmen in nähere bleibende Verbindung.

So war, während die Spaltung auf kirchlichem Gebiet sich vollzog, zu gleicher Zeit ein geistiges Band gewirkt, das in der Folge von größter Bedeutung werden sollte, und das lange das einzige Bindemittel war, welches die Deutschen zusammenhielt. Es war eine Sprache geschaffen, in der sämmtliche deutschen Stämme sich gegenseitig „verständlich machen, wenn auch nicht immer verständigen konnten." Und in der That ist es bezeichnend, daß wieder gerade in der Zeit, da der Grund gelegt wurde zu Deutschlands politischer Ohnmacht — zur Zeit des 30jährigen Kriegs — Opitz die Regeln der „deutschen Poeterey" aufstellte und seine Klage erhob über die Verachtung der deutschen Sprache, freilich — was auch bezeichnend ist — in lateinischer Sprache; und daß zu eben der Zeit Zesen und die Männer der „deutschgesinnten Genossenschaft" an die Säuberung der deutschen Sprache von fremden Elementen sich machten, Männer, die in ihren gutgemeinten aber freilich oft verkehrten Bemühungen um die Sprache einem patriotischen Streben zu folgen glaubten. Und gewiß mit Recht! Haben sie doch einer Zeit vorgearbeitet, die, nachdem Gottsched, längere Zeit unanfechtbarer Diktator in Sachen der Sprache und des Geschmacks, dem regelrechten Hochdeutsch allgemeine Geltung verschafft hatte, mit dem ein Jahrhundert später auftretenden Klopstock ihren Anfang nahm und in Schiller und Göthe ihren Höhepunkt erreichte, gerade wieder zu einer Zeit gänzlicher Erniedrigung Deutschlands, zur Zeit des Untergangs des deutschen Reiches.

Schon aus diesem politischen Grunde muß das Hochdeutsche als Band nationaler Einheit uns ehrwürdig und theuer sein. Nun hat es ja aber in der That die Vorzüge, die ihm in Poesie und Prosa so oft nachgerühmt worden sind: schöne Abwechselung des Starken und Zarten, Harten und Weichen, angenehmer Wohlklang im Wechsel von Consonanten und Vokalen, außerordentliche Fähigkeit durch Ableitung und Zusammensetzung neue Formen und Wörter zu bilden, Leichtigkeit und Lebhaftigkeit der Bewegung in Folge der Abschwächung der Endungen*), wodurch ihm gleichsam ein daktylischer Charakter verliehen wird, unvergleichliche keiner andern Sprache eigene Schmiegsamkeit, um in seinen Formen die Gebilde auch der entferntesten Idiome aufzunehmen, ohne deren eigenthümliche Schönheiten zu zerstören, so daß wir uns der Gesänge Indiens und Arabiens erfreuen, die der sprachbeherrschende Rückert in deutscher Zunge ertönen läßt, wie wir den Tieck=Schlegel'schen Shakespeare

---

*) Diese Abschwächung der Endungen und allgemeine Betonung der Stammsilben ist ja charakteristisches Merkmal des Neuhochdeutschen im Unterschied zum Althochdeutschen mit starken Endungen und Vorsilben (Uuântar uuard tho máraz (berühmtes) ioh filu sèltsanaz, gibót iz ouh zi uuâru ther keisor fona rúmu (Otfried Luc. 2): und dem Mittelhochdeutschen mit seinen zu e abgeschwächten Endungen, aber noch als lang oder kurz unterschiedenen Stämmen, Aller werdekeit ein fügerinno daz sit ir zewâre, frouwe Mâse. Walther v. d. V. 25).

und in noch höherem Grade Vossens Homer fast als deutsche Original=
werke zu betrachten uns gewöhnt haben.

In dieser hochdeutschen Mundart sind aber die Haupterzeugnisse
deutschen Geistes= und Gemüthslebens verfaßt, die Meisterwerke unserer
National=Literatur die den Stolz jedes Deutschen bilden. Gar viele
derselben sind auf einen beschränkten Leserkreis angewiesen und werden es
wohl immer bleiben; andere dagegen, die noch heutzutag Eigenthum eines
verhältnißmäßig kleinen Bruchtheils der Nation sind, sollen nach und
nach Gesammtgut des deutschen Volkes werden*). Solche Werke dem
Volk zu erschließen, in das Verständniß derselben die Jugend einzuführen,
für die nach einem zur Phrase gewordenen, aber immer noch wahren
Worte, das Beste gerade gut genug ist, das ist die Aufgabe der Volks=
schule, allerdings bis jetzt noch eine ideale. Aber wie der einzelne
Mensch „mit seinen höhern Zwecken wächst", so auch menschliche An=
stalten, und so hoffen wir, daß auch dieses Ideal nicht ein schöner
Traum bleiben möge. Da die Volksschule die Aufgabe hat, Vermittlerin
zu sein zwischen dem Geistesfürsten und dem Mann des Volkes, so
erwächst ihr daraus die schwere aber auch hochwichtige Aufgabe, treue
Pflegerin, eifrige Lehrerin der Schriftsprache zu sein. —

Die Volksschule hat aber dieser Verpflichtung auch noch aus einem
andern — praktischen Grunde nachzukommen. Das Hochdeutsch ist die
Sprache des öffentlichen Verkehrs, des schriftlichen wenigstens ausschließ=
lich, sie ist Geschäfts=, Gerichts=, Kirchensprache. Die Elementarschule ist
es darum, die einzuführen hat in ein möglichst klares Verständniß und
einen leichten Gebrauch des Hochdeutschen. Wer nicht in der Jugend
das Hochdeutsche erlernt, der wird später kaum mehr desselben mächtig
werden, oder doch wenigstens keine genügende Sicherheit darin erlangen.
Daß bei unsern gegenwärtigen politischen und socialen Verhältnissen
mancher, der mit entsprechenden geistigen Fähigkeiten ausgestattet ist, in
die Lage kommen kann, sich in öffentlicher Rede der Schriftsprache be=
dienen zu müssen und daß dann der fähigere Kopf zurückstehen muß
hinter dem minder befähigten, der aber der Rede mächtiger ist, weil
eine leicht erklärliche Befangenheit jenem die Zunge lähmt, darauf ist
weniger Rücksicht zu nehmen, denn die Volksschule hat nicht für das
parlamentarische**) Leben auszubilden. Befähigt der Sprachunterricht

---

*) Wie sehr ist es doch zu bedauern, daß Opitz sein System nicht auf
Grund der so herrlichen und reichen poetischen Formen der ersten Blüthezeit
unserer Nationalliteratur aufgebaut, sondern bei den Griechen und Römern die
Regeln für die deutsche Dichtkunst entlehnt hat; wie jammerschade ist es, daß
unsere sog. classische Dichtung an das griechische Alterthum sich angelehnt hat in
dem Inhalt und noch viel mehr in der Form. Ist es doch oft nur die, wenn auch
mit noch so großer Meisterschaft gehandhabte, aber unserem Volke widerstrebende
fremde Form, was die herrlichsten echt deutschen Dichtungen, wie Göthes
„Hermann und Dorothea" auf einen kleinen Leserkreis der sog. höheren Stände
beschränkt halten wird.

**) Wenn in hochansehnlicher Versammlung einem Redner ein alemanni-

die Schüler „das mündlich und schriftlich in der deutschen Schriftsprache Dargestellte, so weit dessen Inhalt dem Gedankenkreis der Jugend entspricht, richtig zu verstehen und sich geordnet und sprachrichtig mündlich und schriftlich auszudrücken", (Lehrplan für die badischen Volksschulen S. 8) so hat sie geleistet, was man billigerweise von ihr verlangen kann.

Aus diesen Gründen ist das Hochdeutsche die Schulsprache und somit die Amtssprache des Lehrers. Ob und wie dieselbe von Seiten des Lehrers gehandhabt werde, ist aber durchaus nicht gleichgiltig. Behält er in einer Gegend, in der eine andere Mundart herrscht, seine heimische bei, so erregt er bei der des Fremden ungewohnten Jugend Heiterkeit, ist der heimische Dialect aber sein eigener, so entsteht dadurch leicht eine gewisse Vertraulichkeit; — in beiden Fällen verliert der Lehrer an Autorität und schmälert seine Wirksamkeit. Der Lehrer, der es beim eigenen Sprechen nicht genau nimmt, sich in dieser Beziehung gehen läßt, erweckt dadurch den Verdacht — und es wird von sachkundiger Seite behauptet, daß ein solcher in den meisten Fällen sich bestätige — daß er es auch in andern Obliegenheiten seines Berufs nicht genau genug nehme, und umgekehrt wird oft behauptet und auch hiefür spricht die Erfahrung, daß ein strenges Festhalten an einer möglichst rein hochdeutschen Aussprache und ein sorgsames Achthaben auf eine solche bei den Kindern, einen Maßstab abgebe zur Beurtheilung der Auffassung und Erfüllung der Amtspflichten von Seiten des Lehrers.

Welche Schwierigkeiten es hat, eine reine Aussprache zu erzielen, weiß kaum jemand besser, als wer an einer Lehrerbildungsanstalt den Unterricht in der deutschen Sprache zu ertheilen hat, besonders einer Anstalt, welche ihre Zöglinge aus fast allen Landestheilen erhält, der also nicht nur die Eigenarten einer Gegend, sondern die sämmtlicher Mundarten zu bekämpfen hat, der also — wie das bei uns der Fall ist — gleichzeitig Front zu machen hat gegen die harten Gaumenlaute des Alemannen, die Vokaltrübungen des Franken, die Nasenlaute des Schwaben, und der zugleich gegen die Sprachunarten zu Feld zu ziehen hat, in denen wir Deutsche fast allzumal Sünder sind.

Wer weiß, wie schwer es hält, die Aussprache eines reinen a, die scharfe Unterscheidung von i und ü, e und ö, d und t, b und p im Anlaut ꝛc. hervortreten zu lassen, der wird auch hierin die Arbeit des Lehrers nicht unterschätzen.

---

sches gsi (gewesen) entschlüpft und er es mit dem fränkischen gwost zu verbessern sucht, er so aus einem Dialect in den andern geräth, so ist das wohl komisch, schadet aber nichts. Noch weniger, wenn ein Mann, der sonst Kopf und Herz auf dem rechten Fleck hat, aber in kleinen Kreisen Reden zu halten liebt, Einräumungssätze beharrlich mit „ob und sowohl" bildet („ob und sowohl ich zwar kein Philosoph bin"). Möge ein solcher getrost sich der heimischen Mundart bedienen, die ihm den Zwang und die Sünden gegen die deutsche Grammatik erspart.

Die Sprache ist aber immerhin nur das Aeußere, die Form; der Inhalt sind die Gedanken; jene das Kleid, diese der Leib. Die Sprache ist nur Mittel, nicht Selbstzweck; das Mittel sein Denken, Fühlen und Wollen andern kund zu thun. „Man setze nie den Stoff unter die Form, und achte und ehre erstern vor allem," mahnt mit Recht Kellner in seinen Aphorismen. Da nun aber das Hauptaugenmerk des Lehrers darauf gerichtet sein muß, klare Anschauung, volles, allseitiges Verständ= niß hervorzubringen, so darf er kein Mittel unbeachtet und unbenützt lassen, welches ihn hiebei fördern könnte. Als ein solches aber bietet sich ihm die **Mundart** oder der **Dialekt** dar*). — Welche Bedeutung nun hat die Mundart in **pädagogischer** Hinsicht, oder wie weit darf dieselbe beim Unterricht Beachtung und Verwendung finden?

Hier stehen sich zwei Ansichten schroff gegenüber. Schon im Jahre 1746 hat ein Ungenannter**) zu beweisen gesucht: „daß es nützlich sei, die niedersächsische Sprache allmählig gar abzuschaffen." Und L. Wienbarg hat in der Frage: „Soll die plattdeutsche Sprache gepflegt oder ausge= rottet werden?" (Hamburg 1834) sich entschieden für das Letztere aus= gesprochen. Ebenso Goldschmidt „Ueber das Plattdeutsche als ein gro= ßes Hemmniß jeder Bildung." Vorgelesen im Bildungsverein zu Ol= denburg 1846. — So ist auch von berufener pädagogischer Seite***) ge= warnt worden, in der Beachtung der Mundart zu weit zu gehen und der Schule zugleich eine neue Last aufzubürden. „In dieser kann sie (die Mundart) nie zur Geltung kommen, weil sie in der Ausbildung für das Uebersinnliche nachsteht und aufgehört hat, Büchersprache zu sein. — Die Volksschule hat vor Allem das Ziel, die Jugend in den Besitz der **Büchersprache** zu setzen und ihr dadurch nicht bloß das Verständniß aller der geistigen Schätze zu eröffnen, welche in jener nie= dergelegt sind, sondern auch das Bewußtsein des Zusammenhangs mit dem großen Ganzen, mit der Nation zu geben. Die Mundart iso= lirt, die Büchersprache aber schenkt uns ein großes Vaterland!"

Andererseits hat man nicht blos Beachtung der Mundart von Sei= ten der Volksschule, sondern sogar eine systematische Behandlung derseln= ben gefordert. So Gutbier in München†), der folgendermaßen dafür den Beweis zu führen sucht: „Hat der alte pädagogische Satz: „vom Bekannten zum Unbekannten fortzuschreiten" noch Geltung und kann nicht bestritten werden, daß dem Volke seine Mundart bekannter als die Schriftsprache ist, es sich in jener am liebsten bewegt, so wird wohl

---

*) Dialekt, griechisch soviel als Gespräch, Sprache, Rede im allgemeinen; dann die Redeweise eines Stammes im Gegensatz zu der eines andern. J. Grimm hat einen Unterschied im Gebrauch dieser Wörter aufstellen wollen, indem er sagt: „Dialekte sind große, Mundarten kleine Geschlechter." Doch hat man diesen Unterschied nicht festgehalten, sondern zwar im allgemeinen die größern Spracharten als Dialekte, dagegen oft auch unbedeutende Sprachabarten bald als Mundarten, bald als Dialekte bezeichnet.
**) Vergl. Fromann „Deutsche Mundarten" I. 157.
***) Kellner a. a. O. S. 127.
†) Fromann a. a. O. I. S. 26.

auch obigem Satze zufolge beim Sprachunterricht die Mundart als das Bekannte gelten und von ihr zur Schriftsprache übergeführt werden müssen. Soll dies geschehen, so werden wir die Mundart mit der Schriftsprache vergleichen und deßhalb der vergleichenden Methode huldigen müssen." — Bei den Sprachübungen soll der Lehrer neben den Lauten der Schriftsprache die der Mundart ertönen lassen; bei der Satzlehre sollen „Mundart und Schriftsprache neben einander hergehen und deren verschiedene Formen angeführt werden." So sollen auch bei Behandlung der Lesestücke letztere in der Mundart und dann in der Schriftsprache vom Lehrer vorerzählt, dann vom Schüler in der Mundart gelesen und wortgetreu in die Schriftsprache übersetzt werden*) und so auf den drei Sprachstufen. Es soll also wie an höheren Lehranstalten bei Behandlung einer fremden Sprache verfahren werden, in der Art, daß der Dialekt als Muttersprache, die Schriftsprache als die fremde zu erlernende angesehen und behandelt würde. — Wenn irgendwo, so scheint hier die Wahrheit in der Mitte zu liegen.

Wenn nach der Meinung der Ersteren — und zwar Niederdeutschen — die Mundart aus der Schule verbannt sein soll, so mag das praktisch berechtigt sein; denn wo der Dialekt so verschieden ist von der Schriftsprache, als das Plattdeutsche vom Hochdeutschen**), da würde so zu sagen ein zweisprachlicher Unterricht gefordert werden, und auf einen solchen kann sich die Volksschule nicht einlassen.

Die andere Forderung, die eigentlich auf nichts anderes hinausgeht als auf zweisprachlichen Unterricht, ist aber gerade bei den süddeutschen Mundarten, die sich doch verhältnißmäßig wenig von dem Hochdeutschen entfernen (und für eine von diesen gerade ist ja eine so weit gehende Beachtung gefordert), am allerwenigsten am Platz.

Einer systematischen Behandlung der Mundart möchten wir durchaus nicht das Wort reden. Ist es doch auch nicht Sache der Volksschule Grammatik in „abstrakter Behandlung" zu treiben, sondern nur im Anschluß an die Lesestücke, oder Regeln der Sprachlehre um ihrer selbst willen einzuüben, sondern nur soweit durch dieselben die Fähigkeit

---

*) Es wird also ein Lesebuch gefordert, welches auch Lesestücke in der Mundart enthält. Auf der zweiten Stufe wird „ein Blick auf die deutschen Volksstämme als Bayern, Franken, Schwaben u. dgl. geworfen und veranschaulicht, was eine bayrische, schwäbische Mundart u. s. w. ist." Es sollen hier die Uebungen in der Wortbildungs- und Satzlehre ganz in derselben Weise vorgenommen werden, wie das der Verfasser in seiner „vergleichenden französisch-deutschen Sprachschule vorgezeichnet hat." — Es ist dies angeführt, um zu zeigen, daß, wie einerseits der Mundart zu wenig eingeräumt, so auch andererseits zu viel für dieselbe beansprucht worden ist.

**) Daß „luäg emol, do drusse vor dä Fänsterschibe fliägt ä Spatz" hochdeutsch heißt „Sieh einmal, da draußen vor den Fensterscheiben fliegt ein Sperling", dürfte jedem Hörer oder Leser, aus welchem der deutschen Landen er auch sein mag, bald klar werden; ist das auch der Fall mit dem ganz dasselbe besagenden westfälischen Plattdeutsch: Kick üs, dar büten var de Rüten flüg'n Lüning"?

des richtigen, mündlichen und schriftlichen Gedanken-Ausdrucks gefördert wird; denn was sollen trockene grammatische Zergliederungen, die den Geist leer und das Herz kalt lassen?

Aber eben so wenig, ja noch weniger, möchten wir die Mundart aus der Volksschule verbannt wissen.

Wie weit und wann freilich im einzelnen die Mundart anzuwenden sei, darüber dürften sich schwer Regeln aufstellen lassen. Darüber kann allein der pädagogische Takt entscheiden. Takt heißt ja nichts anderes als das Gefühl, im Augenblick ohne Berechnung und Ueberlegung das der Lage Entsprechende, im Umgang das mit der guten Sitte Uebereinstimmende zu treffen. Pädagogischer Takt aber ist das Hauptmerkmal des Lehrers von Beruf, der kein Handwerker und Miethling, sondern ein Lehrer in des Wortes ganzer Bedeutung ist. Dieser pädagogische Takt aber wird ihm sagen, daß er nie einen, wenn auch sprachlich noch so wenig passenden Ausdruck schroff und kalt zurückweisen darf; setzt er sich doch dadurch der Gefahr aus, die Liebe und das Vertrauen des Kindes zu verscherzen; und wo sind diese mehr nöthig als zwischen Lehrer und Schüler? — Vor allem aber und ganz besonders findet die Mundart ihre Anwendung bei den jüngsten Schülern, die eben erst der Schule zugeführt werden. Mit heiliger Scheu, oft mit Zittern und Zagen betritt das Kind die Schulräume, alles ist ihm fremd, es erschließt sich ihm eine neue unbekannte Welt; es hat vielleicht noch nie Hochdeutsch gehört und versteht daher kaum den Lehrer. Wenn dieser nun es nicht versteht, auf die Ausdrucksweise des Kindes einzugehen, so wird sich dieses scheu und furchtsam in sich selbst zurückziehen, und es wird später schwer sein, es dahin zu bringen, daß es aus sich herausgeht, daß es Vertrauen gewinnt zu sich und Vertrauen zum Lehrer. Da gibt es wohl kein anderes Mittel als die Mundart; diese bildet den Anknüpfungspunkt zwischen dem Haus und der Schule und zwar ein um so nothwendigeres und unentbehrlicheres, je weiter die Mundart abweicht von der Schriftsprache; je weniger die öffentlichen Verhältnisse, die Lage des Ortes im allgemeinen oder die Familienverhältnisse im besondern dem Hochdeutsch der Schule vorgearbeitet haben. Wenn da der Lehrer eingeht auf die kindliche Weise, dann ist gewiß keine Gefahr vorhanden, daß ihn das bekannte scharfe Tadel Anwendung fände, mit dem Kästner eine verkehrte, längst aufgegebene Richtung der Pädagogik gegeißelt hat: „es läßt sich herab zum Kindlein das pädagogische Männlein." — Der Takt wird ihn lehren, wann er, auch bei weiter vorgeschrittenen Schülern einen Ausdruck der Mundart einfach durch den entsprechenden hochdeutschen zu ersetzen und wann er, umgekehrt hochdeutsche, gar nicht oder nur halb verstandene Wörter durch mundartliche zu erklären und so verständlich zu machen hat. Welcher Lehrer hätte nicht schon die Erfahrung gemacht, sobald die heimathlichen Laute das Ohr getroffen, wie da das Auge heller glänzte, wie einem Sonnenstrahle gleich die Freude des Verständnisses aufleuchtete auf dem Angesicht des Schülers, der vorher gleichgültig, stumpf und kalt die hochdeutschen Worte an sich hatte abgleiten lassen?

Welche Bedeutung der Dialekt insbesondere für das Sprachverständniß und in Folge davon für den sprachlichen Unterricht hat, wird aus dem Späteren ersichtlich werden.

Aber die Schule soll ja Deutsch lehren, d. h. Hochdeutsch; denn ein anderes Deutsch kennen die Lehrpläne sämmtlicher deutschen Staaten nicht. Welches ist nun aber der Prüfstein zur Beurtheilung eines reinen Hochdeutsch? Hochdeutsch ist ja Schriftsprache, also: „Sprich schriftgemäß!" oder: „Sprich wie man schreibt!" heißt doch ja auch umgekehrt die erste Regel der Rechtschreibung: „Man s ch r e i b e wie man richtig, d. h. hochdeutsch spricht."

Das kann aber doch gewiß keinem vernünftigen Menschen im Ernst zu fordern einfallen, auch wenn er keine Ahnung von der Entstehung und Entwickelung unserer Schrift hat. Ein oberflächlicher Blick auf unsere Lautdarstellung muß uns von der Ungereimtheit einer solchen Forderung überzeugen. Sehen wir den einen Buchstaben e an. Welche Last von Lauten muß dieses arme, über Gebühr in unserer Schrift verwendete Zeichen auf seinen beiden Beinen, von denen das eine noch dazu verkürzt ist, tragen! Bald soll er lauten, als was er ja auch im Alphabet figurirt, wie ein scharfes e (wie in See, das e fermé der Franzosen), dann wie ä (wie in gebet (Befehlsform), in der ersten, und in Gebet (Hauptwort) in der zweiten Silbe e ouvert), dann wie ein halber Laut (wie in der ersten Sylbe des Hauptworts Gebet und in der zweiten des Zeitworts gebet, dem hebräischen Schwa entsprechend) und endlich sogar ist er stummes, nur auf dem Papier sein Dasein fristendes Zeichen (wie in den Infinitivendungen geben — e muet). Oder betrachten wir den Diphthongen ei, der bald wie ei in hinein, bald wie ai im unbestimmten Artikel und Zahlwort in Stein, Heil, ein u. s. w. gesprochen wird. Wer berechtigt uns zu dieser verschiedenen Aussprache eines und desselben Zeichens? Antwort: Die geschichtliche Entwicklung der Sprache; ei ist — worauf wir später zurückkommen werden — einestheils Steigerung aus dem î des Alt- und Mittelhochdeutschen und nur durch den Einfluß der österreichischen Mundart in der Kanzleisprache zu ei geworden; ei als ai gesprochen dagegen, ist eben auch nichts anderes als ai seit frühester Zeit (gothisch stains, hails, ains) und so auch bis ins 15. Jahrhundert und darüber hinaus auch meistens richtig geschrieben, bis durch die Buchdruckerkunst die gleichmäßige Darstellung dieser grundverschiedenen Laute nach und nach überhand nahm und schließlich herrschend wurde.

Wir schreiben spannen, stehen u. s. w. sprechen aber schpannen, schtehen. Ist das nicht verkehrt, sollte nicht vielmehr spannen, stehen gesprochen werden? Ganz und gar nicht! Wie aus dem Althochdeutschen slagan, smakan, sniowan, swimman ein neuhochdeutsches schlagen, schmecken, schneien, schwimmen geworden, so ist aus dem sp, spr, st, str im Hochdeutschen (im Gegensatz zum Niederdeutschen) im Anlaut ein schp u. s. w. geworden, so daß spannen, sprechen, sterben, streichen wie gelindes schpannen u. s. w. gesprochen worden ist und gesprochen wird.*) Geschrieben aber ist worden bis in's 15. Jahrhundert slagen, smecken u. s. w., gesprochen aber wie schlagen, schmecken. Bei sp und st dagegen ist die Schreibung geblieben, verschieden von der Aussprache, welche schon im Mittelhochdeutschen wie schp und scht lautete.**) Folgerichtig müßten wir also entweder schreiben slagen u. s. w. oder auch schpannen, schprechen u. s. w. Doch ist hier die Aussprache richtig, die Schreibweise aber falsch.***)

Wer also verlangt, daß man spreche wie man schreibt, der stellt die Sache auf den Kopf; der will, daß die Herrin gehorche, die Dienerin befehle. Die Sprache aber ist die Herrin, die Schrift die Dienerin; diese muß sich nach jener richten, nicht umgekehrt! Mag daher, wie oben erwähnt worden, das Dringen auf eine dialektfreie, möglichst schriftgemäße Aussprache ein Mittel und Kennzeichen geistiger Zucht für Lehrer und Schüler sein, so darf doch nicht allzugroßes Gewicht darauf gelegt werden, weil sonst die Gefahr des geistlosen Abrichtens, der Dressur zu nahe liegt. Der Paradeschritt mag für die militärische Disciplin wesentliche Bedeutung haben, die Siege von Wörth und Montbeliard hat er nicht erfochten!

Da wir uns bei der Aussprache nicht oder doch nur theilweise nach der Schrift richten können, so wäre also wohl nur der andere Weg einzuschlagen, den heimischen Dialekt mit einem andern, dem Hochdeutschen näher stehenden, correcteren zu vertauschen. Aber mit welchem? Lange Zeit hat die Meißnische Mundart als das beste Deutsch gegolten und ist als solches in jedem Geographiebuch und jeder Reisebeschreibung gepriesen und empfohlen worden, und doch ist sie „der schlechtest gesprochene Dialekt von ganz Deutschland" immer gewesen und jetzt

---

*) Vergl. L. Frauer, Lehrbuch der althochdeutschen Sprache und Literatur. Oppenheim 1869.

**) Vergl. R. Bechstein „die Aussprache des Mittelhochdeutschen." Halle 1858.

***) Schleicher sagt a. a. O. S. 210: „Wer schön, schneiden, schlagen u. s. f. neben sprechen, stechen zu sagen sich bemüht, der spricht einen unnatürlichen Mischmasch, der eben so wenig sprachlich begründet ist, als unsere Schreibweise. Hier ist es am besten so zu reden, wie uns der Schnabel gewachsen ist, entweder überall sch oder überall s. Die Künstelei führt auch hier, wie überall, nicht zur vermeintlichen Correctheit, sondern zur Sprachwidrigkeit. Nur ist aber zu merken, daß das Festhalten am alten s nicht hochdeutsch, sondern niederdeutsch ist; wer hochdeutsch sprechen will, der muß schprechen, schtehen, schtechen u. s. f. sagen, so gut als schwein, schnell u. s. f. Fort also mit dem gouvernantenmäßigen, uns widerstrebenden und der Sprache unangemessenen sprechen, stehen, stechen u. s. f. mit reinem s, die Schrift mag beim Hergebrachten bleiben, da sich die Aussprache von selbst einfindet."

„Uebrigens weiß man,"-sagt Bechstein a. a. O., „im eigentlichen Norddeutschland recht gut, daß die reine Aussprache von s in sp und st, so allgemein man sie auch anzuwenden pflegt, nicht hochdeutsch ist, denn sie ist auf dem Theater nicht gestattet: ein Verbot, welches allerdings die Norddeutschen am härtesten trifft." —

dafür berüchtigt."*) Sollte aber nicht vielleicht die Aussprache, wie sie in der Reichshauptstadt herrscht, einen berechtigten Einfluß geltend machen dürfen? Ist doch auch in Frankreich die Sprache der Isle de France zu überwiegender Geltung und Anerkennung durchgedrungen. Dafür scheint zu sprechen, daß in einer großen Stadt überhaupt keine einzelne Mundart zu ausschließlicher Geltung gelangt, daß vielmehr in Folge des Zusammenströmens der verschiedenen Sprachelemente, die sich gegenseitig berühren und ausgleichen, eine Art von Mustersprache sich bilden könnte, die über den Dialekten stände. — Wenn aber so gar verschiedenartige und fremde Elemente zusammenkommen (hat doch Berlin nach Aufhebung des Edikts von Nantes auch zahlreiche französische Einwanderer aufgenommen), dann liegt die Gefahr nahe, daß eine Mischung entstehe, die weder den Forderungen des Wohlklangs, noch viel weniger den Gesetzen einer consequenten Sprachentwicklung entspricht. Und das ist denn auch wirklich der Fall.

Während in den reinen Mundarten Uebereinstimmung und Folgerichtigkeit herrscht und sich auch die auffallendsten sprachlichen Eigenthümlichkeiten nach bestimmten Sprachgesetzen erklären lassen**), herrscht hier Willkür und Inconsequenz.

Wenn im Anlaut g weich = j gesprochen wird, so läßt sich dagegen nichts sagen, denn g und j sind so verwandt, daß sie in der Schreibung und wohl auch in der Aussprache schon im Mittelhochdeutschen wechselten, und auch in süddeutschen Mundarten sich derselbe Wechsel findet, nur umgekehrt, nämlich für j eher g (wie in gäh für jäh u. s. w.). Daß dagegen in unserem, d. h. hochdeutschen einzigen Nasenlaut, den wir mit ng bezeichnen, das g hörbar wird, so daß es unserem Ohr wie nk klingt, ist eine Härte, die mit der weichen Aussprache des g im Anlaut nicht stimmt. Das Bad gesprochen wie Babb, Gras wie Graß, Glas wie Glaß (aus dem lateinischen glaesum) ist zwar in Uebereinstimmung mit dem Mittelhochdeutschen, aber gegen ein bestimmtes Sprachgesetz des Neuhochdeutschen so gut als das alemannisch=schwäbische Badber, bedde u. s. w. Spaß (aus dem italienischen spasso, und das aus dem lateinischen ex = passus part. perf. von ex = pandore, ausspannen, auslassen; so daß also dieselbe Vorstellung zu Grunde liegt wie unserm „ausgelassen"), wird richtig geschärft und nicht wie Spaas gesprochen. — So finden wir nirgends, in welchem Theile unseres Vaterlandes wir auch suchen mögen, das „reine Hochdeutsch" und eigenthümlicherweise am wenigsten in der eigentlichen Heimat desselben — in Sachsen und insbesondere in Meißen, sofern die Behauptung richtig ist, daß die Meißener Mundart wesentlichen Einfluß auf die Bildung des Neuhochdeutschen gehabt habe. Einen fremden Dialekt nachahmen heißt daher sehr oft, Rich-

---

*) Vergl. Klaus Groths (des bekannten Dichters des Quickborn) vortrefftreffliche Schrift: „Ueber Mundarten und mundartige Dichtung." Berlin 1873.
**) „Kein Vokal steht oder wechselt willkürlich in derselben Mundart," sagt J. Grimm.

tiges mit Falschem vertauschen oder doch bestenfalls ein Sprachgemisch bezwecken, das für jeden gebildeten, aber nicht verbildeten Menschen den unangenehmen Eindruck des Gezierten, Gesuchten, Unharmonischen und darum Widerwärtigen macht. Richtig sprechen heißt nicht die Anklänge an die heimische Mundart ängstlich vermeiden, seine heimathliche Sprache verleugnen.

Es ist nun zwar ganz natürlich, daß durch den persönlichen Verkehr der Angehörigen verschiedener Stämme manche fremde Ausdrücke und Wendungen gegenseitig angenommen werden, daß also gleichsam ein sprachlicher Austausch stattfindet; wo dies aber nur einseitig geschieht, wo nur der Eine meint das Eigene durch Fremdes ersetzen zu müssen, da zeigt sich ein Mangel an Selbstbewußtsein und Selbstachtung, zu dem vielleicht der Einzelne, nicht aber der ganze Stamm Veranlassung hat. Es ist ebenso begreiflich, daß bei längerem Aufenthalt an einem Orte, wo eine andere Mundart geredet wird, zuerst im Scherz, durch den Reiz der Neuheit verführt, oder aus falscher, aber echt deutscher Bescheidenheit, die das Fremde für besser hält als das Eigene, vielleicht auch aus Scheu aufzufallen, oder aus Furcht vor Spott — niemand macht sich ja gerne lächerlich*) — man dem ungewohnten Dialekt sich anbequemt. Wer wollte darüber den Stab brechen, wer hat auf die eine oder die andere Art nicht schon dieselbe Erfahrung an sich selbst gemacht? Wer aber mit Bewußtsein seine heimische Mundart verleugnet, weil er sich derselben schämt, der macht sich dadurch eines Charakterfehlers schuldig; denn er zwingt sich eine Rolle zu spielen, zwar nur mit Worten, aber — Worte sind auch Früchte, an denen der Baum erkannt wird.**)

---

*) Und doch macht sich wenigstens bei Verständigen der nicht lächerlich, dessen Aussprache die Heimath des Redenden erkennen läßt, unfreiwillig ist aber oft der komisch, der die Abweichungen des Dialekts von der Schriftsprache vermeiden möchte. Soll es doch einem bekannten theologischen Professor begegnet sein, daß er, aus der schwäbischen Heimath an eine norddeutsche Hochschule gerufen, im eifrigen Bestreben reines u, das bekanntlich im Schwäbischen in den Endungen ung, thum fast wie o lautet, auszusprechen und die Trübung in o zu meiden, vom „Pump der katholischen Kirche" sprach. — Lächerlich wird es, wenn Leute, die eben nicht auf dem Boden der Schriftsprache erzogen worden sind, sich derselben in ungeschickter, gesuchter Weise bedienen. Da treten dann leicht Sprachungeheuerlichkeiten zu Tag, wie der schwäbische Sergeant sie lieferte, der seinem Unwillen über die Ungeschicklichkeit eines „Einjährig-Freiwilligen" in den Worten Luft machte: „Ich muß Ene scho sagge, ,bereits bis allbereits sind Sie der dümmste Mann in der ganze Kompagnie".

**) Schleicher a. a. O. 111: Nichts ist lächerlicher, als das Streben, die angestammte Mundart völlig verbergen zu wollen, oder gar die Aussprache einer andern, die man für besser hält, nachäffen zu wollen. — Wer so handelt, wer die hochdeutsche Schriftsprache anders ausspricht, als er sie naturgemäß auszusprechen hat, der bringt sich ums Schönste, was die Muttersprache bietet, um die völlige Freiheit und Ungezwungenheit des Ausdrucks, er bringt sich um die Muttersprache, er verdammt sich zu einem immerwährenden verwerflichen Spielen einer ihm fremden Rolle. Wie lächerlich hört sich z. B. die Rede eines Schwaben an, der sich zwingt, das Deutsche so auszusprechen, wie es die ost

Das Recht der Individualität erobert zu haben auf religiösem Gebiet, das ist der deutschen Großthaten größte. Das Recht der Individualität zu wahren, ist Grundsatz und Streben der neuern Pädagogik, die nicht umsonst gerade auf deutschem Boden ihre hervorragendsten Vertreter hat. Wie es nun aber geradezu geistig und sittlich verkehrt wäre, sich oder andere zu etwas machen zu wollen, wozu man nicht geschaffen ist, so wäre es auch verkehrt, sich in eine Mundart eingewöhnen zu wollen, — papagaienhaft, denn es bliebe doch immer etwas Aeußerliches — welche der fremd ist, in deren Gebiete unsere Wiege gestanden.

Es liegt aber die Gefahr nahe, daß junge Leute in diese falsche Bahn gewiesen werden, wenn von pädagogischer Seite in höchst unpädagogischer Weise die Mundart mit Geringschätzung behandelt würde.

Giene*) sagt in seinen „Studien über Hebel", daß wenn diesen „Einer habe anmuthen wollen, etwas Bodenerde an ihm mußte hängen geblieben sein", und hebt das als bezeichnend für Hebel selbst hervor, den „das allgemein Zugeschnittene, Verwischte, Geprägelose bei Andern abstieß, eben weil er selbst eine fest umrissene und markig ausgefüllte Persönlichkeit war." — Sollte das aber nicht die weiteste Anwendung finden? Es läßt sich nun nicht in Abrede stellen, daß „der moderne Gang der Dinge dahin wirkt, das Individuelle zu verwischen, Ecken abzustoßen und hervorstehende Unterschiede flach zu glätten, so daß man poetischer Weise bereits über das Aussterben der Originale klagt." Daß aber die Schule die Aufgabe habe, ihrerseits diesen Gang zu beschleunigen, die frühe sich zeigenden Regungen der Selbstständigkeit zu unterdrücken, damit schließlich der regelrecht zugeschnittene Normalmensch aus der pädagogischen Handwerksstube — denn etwas anderes wäre dann die Schule nicht — hervorgehe, ließe sich denn doch bestreiten. — Was wäre es aber anders als ein Unterdrücken der Individualität, wenn die Ausrottung der mundartlichen Eigenthümlichkeiten als ein erstrebenswerthes Ziel der Pädagogik anerkannt würde? —

Die Weine, um das Bild Giencs weiter auszuführen, haben ja allzumal ihren eigenthümlichen Duft, ihre besondere „Blume", und haben doch alle ihre getreuen Verehrer — es ist eben Sache des Geschmacks, und über diesen läßt sich bekanntlich nicht streiten.**)

---

nicht einmal richtige jetzt übliche Schreibweise darstellt, zumal wenn er in unbewachten Augenblicken des Affekts von den mit Mühe geführten Sprachstelzen herabfällt. Wie herzig lautet dagegen die ungekünstelte Aussprache dieses hochbegabten deutschen Stammes? Fort also mit dem Vorurtheile, daß nur der ein gebildeter Mann sei, dessen Rede man nicht anhören könne, aus welchem Theile Deutschlands er stamme; fort mit dieser Unnatur der Sprachkünstelei! Es gibt einmal naturgemäß nur Mundarten, und wir werden von ihnen stets etwas in die uns allen gemeinsame Schriftsprache und höhere Umgangssprache hineintragen, ohne uns dadurch um dieß unschätzbare Kleinod zu bringen.
*) „Deutsche Vierteljahrs-Schrift" v. J. 1858, Heft 3, S. 53.
**) Ohne zu weitern Folgerungen Anlaß geben zu wollen, möge doch die

So ist es auch mit der Aussprache und der mundartigen Färbung der‑
selben: ist der Sinn und Geist, der sich in ihr kund thut, klar und rein,
lauter und unverfälscht, so schadet eine mehr oder weniger hervor‑
tretende Eigenthümlichkeit — „Bodenerde" — gar nichts; im Gegentheil die
Naturwüchsigkeit muß jeden angenehm berühren, der wie den Naturwein
dem Kunsterzeugniß, so alles aus innerstem Kern und Wesen Kommende
dem Gemachten und Angelernten vorzieht.

Daß die Bestrebungen der Commission für Reform der deutschen
Rechtschreibung als gescheitert betrachtet werden müssen, mag aus ver‑
schiedenen Gründen bedauert werden, namentlich von Seiten der Schule,
die mit Unrecht oft verantwortlich gemacht wird für Mißstände, unter
denen sie selbst am empfindlichsten leidet, und die deshalb mit Recht auf
Erleichterung ihrer gerade in diesem Punkte so schwierigen Aufgabe hoffen
durfte. Und doch sollte man meinen, daß so allgemein als nothwendig
anerkannte und gewünschte Verbesserungen auf diesem Gebiete, nicht zu den
Dingen der Unmöglichkeit gehören sollten. Ist doch die Schriftsprache das
allen Gemeinschaftliche und beruht die Darstellung derselben auf Abmachung
— sie ist conventionell — und deshalb für alle giltig, mag auch die
Aussprache noch so verschieden sein, mag sie auch noch so sehr von die‑
ser abweichen. Dieses Auseinandergehen von Schrift und Sprache ist
ja bei Franzosen und Engländern ungleich größer, und doch gibt es
dort eine allgemein giltige Schreibweise. — Es ist das eben ein Zei‑
chen, wie wenig das deutsche Volk geneigt ist, sich in solchen Dingen
einen Zwang gefallen zu lassen, wie sehr es seinem eigensten Wesen
und Charakter untreu werden würde, wenn es, wie auf geistigem Ge‑
biet überhaupt, so auf sprachlichem sich einer Diktatur unterwerfen würde,
wie wenig das deutsche Volk an Schablonen Geschmack findet, nach denen
alles zugeschnitten werden sollte. Und wie für die Schrift es gilt, was
J. Grimm sagt: „auf ihrem Gebiet gibt es keine Befehle und wie
man von einer république des lettres redet, so entscheidet auch über
die Wörter und ihre Schreibung nur der allgemeine Sprachgebrauch
und Volkswille; Regierung und Obrigkeit können bloß mit gutem Bei‑
spiel vorangehen" — so wird es schließlich bei dem andern Wort des‑
selben Großmeisters der deutschen Grammatik sein Bewenden haben:
„Jeder Deutsche, der seine Sprache schlecht und recht, d. i. ungelehrt
spricht, ist selbst eine lebendige Grammatik." —

Die deutsche Sprache kennt keine absolut giltigen Regeln für Wort‑
und Satzfolge, sie gestattet die unbeschränkteste Freiheit für Neubildun‑
gen, so daß große schöpferische Geister sich so zu sagen ihre eigene
Sprache geschaffen haben, (vergl. Hegel) und daß der bekannte Satz

---

Bemerkung gestattet sein, daß, wer das zweifelhafte Glück gehabt hat, die Weine
der Gegend, die gleichsam die Wiege unseres Hochdeutschen ist, den Meißner
„Rothen" an der Quelle zu trinken, gewiß recht gerne zu unseren Markgräfler‑
und Pfälzer‑Weinen zurückgekehrt ist.

des Franzosen, „der Stil ist der Mensch" erst in der deutschen Sprache zur vollen Geltung gelangen kann. Was aber jedes Einzelindividuum als sein gutes Recht beanspruchen darf, das muß doch gewiß auch der Stammesindividualität, besonders in ihrer am offensten zu Tage tretenden Eigenthümlichkeit — der Mundart — eingeräumt werden, nicht blos großmüthige Duldung und mitleidige Schonung, sondern Beachtung und Anerkennung. Haben doch oft die originellsten Schriftsteller — und nicht nur die für das Volk geschrieben, wie Bitzius (Jerem. Gotthelf), dessen Sprachgewalt J. Grimm in der Vorrede zum deutschen Wörterbuch rühmt — das Eigenthümlichste und Beste ihrer besondern Ausdrucksweise der Mundart entlehnt; und hat doch schon Luther erklärt: „Man muß nicht die Buchstaben in der lateinischen Sprache fragen, wie man soll deutsch reden, sondern man muß die Mutter im Hause, die Kinder auf der Gasse, den gemeinen Mann auf dem Markte darum fragen und denselben auf das Maul sehen, wie sie reden, und danach dolmetschen." Wer daher eine möglichst freie Entwickelung der Individualität und scharfe Ausprägung derselben in Wort, Schrift und That will, der darf der rücksichtslosen Verdrängung und gewaltsamen Ausrottung der Mundarten vom pädagogischen Standpunkte aus nicht das Wort reden.

Wenn aber die Mundart, selbst als bescheidenes pädagogisches Hilfsmittel, aus den Schulen verbannt werden sollte, dennoch wird sie wieder Eingang finden, und hat ihn durch die Schulbehörden selbst zum Theil schon gefunden, und zwar in ihrer schönsten, lieblichsten, edelsten Gestalt — in der Poesie. Hier hat sie immer ihren Platz zu behaupten gewußt. Welch duftige Blüthen deutschen Gemüths der grünen Haide der mundartlichen Volksdichtung entsproßt sind, zeigt ein Blick in Firmenichs reiche Sammlung „Germaniens Völkerstimmen." Sind doch die meisten der durch ganz Deutschland verbreiteten Volkslieder auf diesem fruchtbaren Boden erblüht. (Ist doch Simon Dachs „Aennchen von Tharau" zuerst niederdeutsch gedichtet, Göthes „Sah ein Knab' ein Röslein steh'n" der oberdeutschen Mundart entnommen (nach Göbeke von Göthe auf seinen Wanderungen durch das Elsaß gefunden, als er für Herder Volkslieder sammelte).*). Freilich die Kunstpoesie hat ihr, nachdem es einmal eine Schriftsprache gab, eine mehr als bescheidene, man darf wohl sagen, unwürdige Stelle angewiesen; so hat das Niederdeutsche in den „Englischen Komödien" seinen Platz behauptet als Sprache der lustigen Person, des Hanswursts (Johann Clant, Clown oder Johann Bouset in den Schauspielen des Heinrich Julius, Herzogs von Braunschweig.) So ist auch von Usteri**), dem zeitlichen Vorläufer Hebels

---

*) Vergl. übrigens hierüber Bernhard Suphar im „Archiv für Literaturgeschichte von Franz Schnorr v. Carolsfeld. V. 84. ff.

**) 1763—1827, Vertreter der Schweizer-alemannischen Mundart-Dichtung. „reiht sich ganz verwandt an Hebel. Gemüth, Dichten und Wirken stimmen in beiden auffallend," sagt Honegger („Kulturgeschichte der neuesten Zeit," Leipzig 1868), dessen beiden größere Gedichte: „de Bikari" und „der Herr Heiri".

in der alemannischen mundartlichen Dichtung und theilweise auch von dem andern alemannischen Dichter, dem Straßburger Arnold (1780 bis 1829), in seinem „Pfingstmontag"*) zur Verspottung menschlicher Schwächen, zur Verhöhnung des Philisterthums, der Kleinstädterei, des Klatschs gebraucht. Hebel, „dem Propheten seines Stammes" und damit „dem Propheten der Schönheit der Stammsprachen Deutschlands" (Kl. Groth), gebührt das unsterbliche Verdienst gezeigt zu haben, daß der Dialekt als Ausdruck für die zartesten und heiligsten Gefühle dienen kann. Und seither hat eine zahlreiche Schar im deutschen Dichterwald bewiesen, daß im Dialekt sich singen lasse von „allem Süßen, was Menschenbrust durchbebt" und von „allem Hohen, was Menschenherz erhebt." — Dennoch ist dem Dialekt als sein eigentliches Gebiet der Humor zugewiesen worden, jener Humor, den wir in unserer classischen Dichtung doch eigentlich fast gänzlich vermissen. Und welch köstliche Gestalten hat die Dialektdichtung geschaffen, Gestalten, die eben nicht anders sich zeigen können als im Gewand der Mundart. Denken wir nur an Fritz Reuters „Unkel Bräsig."

Aber ist was für die Dichtung Gewinn, nicht für die vaterländische Einheit Einbuße? Wird durch die Pflege der mundartlichen Poesie nicht das Band der Einheit gelockert, werden nicht die Sonderungsgelüste genährt? Ja, wenn die hochdeutsche Sprache noch das einzige Band wäre — und welch lockeres Band sie ist, zeigt ja die, sprachlich zwar mit uns vereinte, und doch politisch getrennte Schweiz — wenn noch Gefahr vorhanden wäre, daß der Dialekt die Schriftsprache verdrängen könnte, dann möchte eine solche Befürchtung gestattet sein. So aber findet geradezu das Gegentheil davon statt. Die mundartliche Dichtung trennt nicht, sondern verbindet vielmehr Süd und Nord, indem sie beide sich besser verstehen und dadurch höher schätzen lehrt. „Wie wir die Alemannen haben lieben lernen, weil Hebel sie uns liebenswürdig in ihrer eigenen Sprache geschildert, so wird das Umgekehrte auch der Fall, und die Dialektschriftsteller werden die sein, welche die deutschen Stämme einander nähern, weil sie sie in ihren Tugenden einander bekannt machen," sagt Kl. Groth. Solche Worte müssen sicherlich im Süden ein freudig zustimmendes Echo wachrufen. Und wenn Fritz Reuter als der zur Zeit am meisten gelesene Dichter gilt, und zu diesem Leserkreis auch der Süden sein gut Theil stellt, so ist freilich viel auf Rechnung der Mode zu schreiben, aber doch nicht alles; vielmehr spricht sich darin ein Verlangen der Süddeutschen aus, norddeutsches Wesen und Leben näher kennen zu lernen, namentlich wo es ihnen in so überaus anmuthiger Gestalt nahe gebracht wird.

Was aber die Gebildeten der Nation kennen und lieben, davon

---

*) Kein Geringerer als Göthe hat wie Hebel so auch diesen Dichter durch eingehende Besprechung seines „Pfingstmontag", einer Perle mundartlicher Dichtung, einem größern Leserkreis bekannt zu machen gesucht.

sollte die Schule gänzlich ausgeschlossen sein; die Sprache des Volkes sollte aus Büchern den hochdeutsch Redenden erschlossen, dem Volk selbst aber immer mehr entzogen werden? Welch ein Widerspruch! So weit ist es aber gottlob! denn doch noch nicht gekommen.

Hebel ist derjenige Dialektdichter, dessen Dichtung zuerst die Grenzen des Gebiets ihrer Mundart überschritten; er ist auch der erste, der Aufnahme gefunden hat in die deutschen Lesebücher. Schon ist Kl. Groth würdig ihm an die Seite getreten — wenn auch aus begreiflichen Gründen nicht in Lesebüchern für süddeutsche Volksschulen, so doch in Gedichtsammlungen, die für Mittelschulen bestimmt sind. — Werden nicht noch andere sich anreihen aus Süd und Nord?

Durch Dichter wie Hebel wird der Dialekt dem Volke in veredelter Gestalt vorgeführt; es wird ihm kundgethan, daß in ihm sich reden läßt, nicht nur über die gemeinen Interessen des Lebens, sondern über die höchsten und heiligsten Güter des menschlichen Daseins. Wenn so dem Volke gezeigt wird, daß was es gewohnt war, nur in der Schriftsprache zu hören, nicht ein Privilegium derer ist, die sich in dieser mit Gewandtheit und Leichtigkeit bewegen, wird es nicht auch in der ihm eignen Weise über diese Dinge nachdenken und reden lernen, wird Geschmack daran finden, Verständniß dafür erlangen, und wird nicht so die, wir wollen nicht sagen, Rohheit und Gemeinheit, aber doch Stumpfheit und Gleichgültigkeit gegenüber den höheren Interessen des menschlichen Daseins immer mehr schwinden?*) — Dies geschieht aber nicht dadurch, daß die Mundart stolz ignorirt, hochmüthig verachtet wird, sondern dadurch, daß sie, herbeigezogen in den Dienst des höheren Geisteslebens, gehoben und veredelt werde. So werden die Schätze der ganzen Nation, die sie in ihrer Literatur besitzt, mit mancher köstlichen Gabe vermehrt und so, meinen wir, kann die Mundart auch im weiteren Sinne pädagogisch, nämlich volkserziehend wirken zum Segen des ganzen deutschen Volkes!

Wenn nun aber die Dialekte nichts wären als verdorbenes Hochdeutsch, beruhend auf willkürlichen Abweichungen von diesem, wenn sie weiter nichts wären als Wildschoße und Schmarozerpflanzen auf dem Baume unserer Volkssprache, die auf Kosten dieser ihr Leben fristen und eine kräftigere Entwicklung derselben hemmen; dann wäre es freilich Pflicht, und zwar ganz besonders der Schule, dieselben möglichst rasch

---

*) Daß eine tiefe Kluft besteht zwischen den sog. höheren Ständen und dem Volke, läßt sich doch nicht leugnen; wenn wir auch das Urtheil Buckles, des Geschichtsschreibers der „englischen Civilisation", nicht unterschreiben möchten, daß diese Kluft gerade in Deutschland am größten sei, und daß nirgends ein so großer Unterschied bestehe als „im Lande der Denker" zwischen höchster Geistesbildung und tiefster Speculation einerseits und größter Unwissenheit und dumpfer Gleichgiltigkeit anderseits.

und möglichst gründlich auszurotten, den Zersetzungsproceß, dem sie ohnehin nach der Natur der Dinge ausgesetzt sind, möglichst zu beschleunigen und so das Todesurtheil, das ihnen von vielen Seiten gesprochen ist, möglichst bald zu vollstrecken.

Nun haben aber die Mundarten (natürlich nicht alle in gleicher Weise und in gleichem Grade) in sprachlicher Beziehung und zwar nach zwei Seiten hin, nach der formalen und nach der materialen, unschätzbaren Werth und im Vergleich mit dem Neuhochdeutschen unbestreitbare Vorzüge.

Wie nämlich anerkannt werden muß, daß das Nhd. nicht Ergebniß einer regelmäßigen Weiterbildung des Mittelhochdeutschen ist, sondern daß, wie in der Literatur so auch in der Sprache eine weite Kluft zwischen Mittel= und Neuhochdeutsch besteht, so daß eine gewisse „Regellosigkeit und Verwirrung der sprachgeschichtlichen Elemente" unverkennbar ist; so läßt sich andrerseits nicht leugnen, daß die Dialekte manche echte alte Formen*) festgehalten, besonders aber den Zusammenhang mit dem Mittelhochdeuschen gewahrt, und dasselbe consequenter nach bestimmten Sprachgesetzen entwickelt haben. —

Und während in der Schriftsprache theils eine große Zahl Wörter außer Gebrauch gekommen ist, theils auch eine noch größere Zahl von Ausdrücken angewendet wird, deren Abstammung und Bedeutung nicht mehr erkannt werden kann, da die Stämme verloren gegangen, oder auch die Bildungssylben bis zur Unkenntlichkeit ihrer Function abgeschwächt sind; hat die Mundart alte Wörter bewahrt, mit denen die Schriftsprache bereichert werden kann, und Stämme erhalten, durch welche die dunkeln Ausdrücke des Hochdeutschen erklärt werden können.

Daher hat auch, seit J. Grimm den hohen Werth der Mundarten anerkannt hat, die Sprachwissenschaft sich auf das eingehendste mit den Mundarten befaßt und wie einerseits Sammlungen veranstaltet worden sind, um das Beste, was in den Dialekten an poetischen Erzeugnißen noch vorhanden, vor dem Untergange zu retten, so haben Sprachforscher ersten Rangs es nicht verschmäht, einzelne Mundarten in ihren feinsten Wendungen zu verfolgen und darzustellen wie z. B. A. Schleichers Schrift über die Sonneberger Mundart auf diesem Gebiet geradezu epochemachend geworden ist.

Wir wollen es nun versuchen, an der alemannischen**) Sprache durch Anwendung der wichtigsten Sprachgesetze und zwar zunächst auf dem

---

*) So hat z. B. die Mundart auf der Insel Sylt den Dual der alten nordfriesischen Sprache erhalten, wat (wir beide) at (ihr beide) jat (sie beide.) Gen., Dat. und Acc. sind gleich: unk, junk, jam. Der Dual aber, den noch das Goth. beim persönl. Fürwort vollständig hat, ist schon sehr früh untergegangen und im Ahd. nur noch im Gen. (unkar) belegbar.

**) Was der Name „Alemanne" bedeute, ist noch unsicher. Als aufgegeben zu betrachten ist die Erklärung von J. Grimm, wonach es (ala als verstärkendes Präfix gefaßt) hieße ausgezeichnete Männer, Helden. Ansprechend wäre die Erklärung Hermanns im Programm des Collegiums in Mühlhausen i. Els. 1872

Gebiete der Wortlehre nachzuweisen, wie hier nicht Willkür und Regellosigkeit gewaltet, und weiter an einigen Beispielen anzudeuten suchen, — denn mehr kann ja nicht bezweckt noch erreicht werden, — wie so manches an guten alten Wörtern und Wendungen in der Mundart sich erhalten hat, was nur verstanden sein will, um in seinem Werth erkannt zu werden.

Wir beschränken uns auf dasjenige Alemannische, das wie Hebel selbst angibt, „in dem Winkel des Rheins zwischen dem Frickthal und ehemaligen Sundgau" gesprochen wird d. h. „in dem Stück badischen Oberlandes, um das sich der Ellenbogen des Rheines bei Basel schlingt".*) Freilich erstreckt sich das Alem. weiter, nämlich bis zur Oos, wo sich dann zwischen dasselbe und das bei Bruchsal beginnende Rheinfränkische oder Pfälzische das Schwäbische (das sog. Rheinschwäbische) einschiebt, und umfaßt auch das Elsaß südwärts von Hagenau, dessen Mundart aber allerlei fremde, besonders fränkische Beimischungen aufweist. Im Süden umfaßt es noch fast die ganze deutsche Schweiz, wo sich in Folge der geographischen und politischen Abgeschlossenheit noch ein viel größerer Reichthum an alterthümlichen Wörtern und Formen erhalten hat, als in den übrigen Theilen des alem. Sprachgebiets. Gegen Osten ist die Grenze schwieriger zu ziehen (eine Linie über den Schwarzwald, in südöstlicher Richtung von Rastatt zum Bodensee), da sich hier Alem. und Schwäbisch mischen, und jene eigenthümliche Mundart entstanden ist, wie sie uns A. Maier in den wohltönenden „Klängen von der Sommerau" (Karlsruhe 1877) vernehmen läßt. — Wissenschaftlich ist die alem. Mundart behandelt von K. Weinhold „Alemannische Grammatik" (Berlin 1863) hauptsächlich mit Berücksichtigung der ältesten (althochdeutschen) Schriftdenkmäler, und im Anschluß daran d. h. die Entwicklung dieses Dialekts seit dem 13. Jahrhundert darstellend, von A. Birlinger „Die alem. Sprache rechts des Rheins" Berlin 1868 und in der seit 1873 von demselben Verfasser herausgegebenen Zeitschrift „Alemannia". —

Wir beginnen mit der **Lautlehre**, deren Bedeutung als Grundlage der historischen Grammatik zuerst J. Grimm erkannt, und die er demgemäß in der 1822 erschienenen 2ten Auflage seiner „deutschen Grammatik" als ersten Theil mit der allergrößten Sorgfalt behandelt hat.

(„die deutsche Sprache im Elsaß"), wonach es von ali = fremd käme, also „Fremdlinge" bedeute (heißen doch auch die Magyaren, [Madiar oder Modior zu sprechen] wie sie sich selbst nennen, bei den benachbarten Völkern Ungri, Ungarn) aber dann müßten sie Alimannen heißen und daraus gar ein Elimannen geworden sein, wie aus Alisat (Fremdensitz) Elsaß, aus alilanti, elilenti, ellenti, mhd. ellente, ellende, fremd, verbannt, unglücklich — elend. — Nach C. Baumann (Forschungen zur deutschen Gesch. XVI. 2. 1876) würde es bedeuten „Leute der alah, des Götterhains" (alah, Tempel, Götterhain), nach welchem die Alemannen und Semnonen identisch wären und mit den Sueven ein Volk gebildet hätten. — Ueber all dies scheint das letzte entscheidende Wort noch nicht gesprochen zu sein.

*) Ueber die Grenzen des alem. Sprachgebiets vergl. außer Weinhold „Alem. Grammatik" Längin in s. schätzenswerthen Buch „Johann Peter Hebel, ein Lebensbild". Karlsruhe 1875.

Indem er zunächst die hohe Wichtigkeit des Vokalismus in der deutschen Sprache betont, hat er für denselben theils neue Gesetze aufgestellt, theils von andern bereits aufgestellte durch genaueste Forschung auf das festeste begründet.

Der ganze Vokalismus der deutschen Sprache beruht nach J. Grimm auf den Urlauten ä, ï, ü, aus denen durch gegenseitige Einwirkung nach bestimmten Sprachgesetzen die andern Laute entstanden sind. Und zwar sind zunächst durch Dehnung daraus hervorgegangen â, î, û. Wie verhält sich nun hiezu das Alemannische?

In Folge der schon im Mittelhochdeutschen eingetretenen Verkürzung der Endungen sind nach und nach die kurzen Stämme und zwar auch die, deren Kürze im Mittelhochdeutschen streng gewahrt worden, im Neuhochdeutschen verlängert worden.

Im Dialekt haben die wurzelhaften Kürzen ihre Quantität behalten, namentlich in zweisilbigen Wörtern. Dies gilt ganz besonders bei dem Alemannischen des Schwarzwalds, das wie das Schwäbische sagga, babba u. s. w. hat, während der Alemanne der Rheinebene, dem Elsäßer gleich, diese Wörter gedehnt spricht und nur etwa noch in vadder, bott, namme (Namen), krabb (Rabe) die ursprüngliche Kürze beibehalten hat.

Eine größere Ausdehnung hat der sog. Umlaut genommen. Ursprünglich auf das i der Endung beschränkt, das auf den Vokal des Stammes wirkte, (goth. arbi, ahd. erpi (erbi) Mittel- und Neuhochdeutsch Erbe), hat auch das e, das durch Schwächung aus i entstanden ist, dieselbe Kraft. (Tag, täglich, Thor, thöricht, jung, Jüngling; Baum Bäume, groß, größer u. s. w.)

Eine gewisse Neigung des Alem. für nicht umlautende Laute zeigt sich weniger beim a (fallt, gfallt für fällt, gefällt) und o (gwont, gewöhnt) krott für Kröte; beim u (buschel, bruck (Innsbruck) hurt Hürde, mugge, nusse, stuck, krugge, rucke, (Haupt- und Zeitwort) nütze (Zeitwort) verruckt, gschuckt (beides die gleiche Bedeutung) besonders in kuchi, burdi.

Andrerseits hat aber das Alemannische eine solche Vorliebe für den Umlaut, (bes. bei a) daß derselbe auch unorganisch auftritt, und auch bei hochdeutsch Redenden sich oft eine gewisse Unsicherheit dem schriftgemäßen Sprachgebrauch gegenüber zeigt. ärm, schäf, täg, nämme (Plur. von Arm, Schaf, Tag, Namen) unorgan. und durch unechten Umlaut entstanden (also eigentliche Provincialismen) sind in täsche, händschig, (Handschuh) wäsche, (Zeitwort) därzuo, (dazu); (Schätte, Schatten, wohl nur in der Hanauer Mundart). Merkt oder mert weil aus lat. mercatura entstanden, gehört nicht hierher. — Dört, bort; öb, ob. Möntig (Montag). U, auf dem Schwarzwald überhaupt mehr wie das französische u d. h. ü gesprochen, bleibt im Alemanischen des Wiesenthals und des Rheinthals auf einige Beispiele (hünd Mehrzahl von Hund üser, unser) beschränkt.

Die Brechung ist entstanden durch Einwirkung des a auf i und u der vorhergehenden Sylbe. Indem sich i und u dem a zu nähern suchten, giengen sie in e und o über (goth. hilpan, althochdeutsch helfan mittel- und neuhochdeutsch helfen; gothisch giba, althochdeutsch këpa, Gabe) althochdeutsch erda, mittel- und neuhochdeutsch erde, aber irdin irden und irdisch; althochdeutsch fugal, neuhochdeutsch Vogel.

Die Brechung ist im Alemannischen vermieden in: i gib, hilf, nimm, sprich, was richtig ist, da es althochdeutsch ih gibu, hilfu u. s. w. aus Infinitiv geban, helfan u. s. w. heißt; und besonders bei u, frumm, Sun, (Sohn) Sunne (Sonne) s'dundert, es donnert. u. a.

Eine weitere Erscheinung ist die Vocalsteigerung. Natürlich ist a, als der vollste und hellste Vocal, einer solchen nicht fähig, sondern nur u und i, welches gleichsam Schwächungen von a sind, und durch Annäherung an das a, jenes zu ô und au, dieses zu ê und ai und â wird. — Für das au des Neuhochdeutschen hat das Alemannische û z. B. fûl, hûs, sûr, trûr, bûr, mûr. Während das Althochdeutsche schon öfters den Doppellaut einbüßt, und derselbe im Mittel- und Neuhochdeutschen verloren bleibt (goth. táuh, thláuh, ráus, áuso, dáuthus, Althochdeutsch zôh, flôh, rôr, ôra, tôd, Neuhochdeutsch zog, floh, Rohr, Ohr, Tod, so ist vielleicht in strau (Stroh) das Alemannische zum Doppellaut zurückgekehrt (gothisch straujan, streuen), wenn nicht eher eine Vokalsteigerung aus Streu anzunehmen ist.

Statt ei (in Leiche, mein, dein, sein) zu welchem das Neuhochdeutsche fortgeschritten ist, ist das Alemannische beim Alt- und Mittelhochdeutschen î (lîch, mîn, dîn, sîn) stehen geblieben; ein Zurückgehen auf das Gothische (leik, meins, theins, seins) ist nur scheinbar, da nach den Autoritäten der altdeutschen Sprachforschung (Leo Meyer, Johannes Schmidt, A. Holtzmann. „Altdeutsche Grammatik" (S. 8.) ei im Gothischen nur die graphische Darstellung für î ist.

Dasselbe Festhalten am Alten, und zwar zunächst am Mittelhochdeutschen zeigt sich in der Aussprache des ie als Diphthong, welches das Niederhochdeutsche als î auszusprechen gebietet. Die Aussprache der Mundart ist aber recht wohl begründet; denn das e ist durchaus mehr als Dehnungszeichen, es ist organisch. Folgende Beispiele mögen das veranschaulichen.

Gothisch:	giuta	fraliusa	dius diups
Althochdeutsch:	kiuzu	varliusu	tior tiuf
Mittelhochdeutsch:	giëze	verliësen	tiër tiëf
Alemanisch:	giësse	verliëre	tiër tiëf
	(fälschlich Thier geschrieben.)		

---

*) Es würde zu weit gehen, die Imperfecta der sog. reduplicierenden Zeitwörter ohne e schreiben zu wollen, hielt, Goth. haihald, Ahd. heialt, hialt, Mhd. hielt, Neuhochdeutsch hielt. Wenn daher einmal Ernst gemacht werden sollte mit Aufräumen unter den überflüssigen Dehnungszeichen, so wird der Alemanne in seiner Mundart den untrüglichen Fingerzeig dafür finden, wo ie als organischer Doppellaut und i statt seitherigen ie als î zu schreiben sein wird.

Das Alem. kennt kein reines u außer dem oben angeführten, wofür das Nhd. au hat. Das hochd. û lautet alem. wie uo (ua, uë) das ist aber nichts anderes als das aus dem goth. ô hervorgegangene und im Alt= und Mittelhochdeutschen herrschende uo.*)

Gothisch:	stôls	bôka	fôtus	brôthar	gôds
Althochdeutsch:	stuol	puoh	vuoz	pruodar	cuot
Mittelhochdeutsch:	stuol	buoch	fuoz	bruoder	guot
Neuhochdeutsch:	Stuhl	Buch	Fuß	Bruder	gut

Ebenso als Steigerung zu betrachten ist die Aussprache des e=a wag, Weg, Alt= und Mhd. weg, wec. Goth. vigs. hamd für Hemb (Ahd. hamôn bedecken, umhüllen) Ahd. hemidi Mhd. hemede, hemde; racht = recht, halm = helm in Wilhelm, Verkleinerung halmeli, Kanzinge, Kenzingen, (Ortsnamen), O Walt sieh hier dein Laben am Stamm des Kreuzes schwaben. u. s. w.

So beruht die vom Neuhd. abweichende alem. Art der Aussprache der Vocale meist auf dem Festhalten an der frühern Aussprache, und in Folge davon auf einer Steigerung. Der entgegengesetzte Fall, daß nämlich die Laute des Alem. eine Schwächung des Neuhd. wären, ist nur scheinbar. Vielmehr ist nach dem oben Angeführten alem. i für neuhd. ei nur scheinbare Schwächung, denn das Alem. hält ja an der ursprünglich nicht gesteigerten Form fest und ist nicht erst in der Art dazu gekommen, daß es als ein verdorbenes Neuhd. anzusehen wäre.

Ganz so verhält es sich auch mit der Verkleinerungssylbe li für Neuhd. lein.**)

Es könnte nun endlich oft den Anschein haben, als ob die Laute des Alem. auf einer Trübung beruhten. Dies ist jedoch meistens auch nur scheinbar, und findet in der That das umgekehrte Verhältniß statt. So sind lewe, leue, (latein. leo) leffel (mhd. leffel) kunig (uhd. künec) münch (mhd. münich) leschen, helle (Helle, Göttin) nicht aus Löwe, Löffel, König, Mönch, löschen, Hölle getrübt, sondern umgekehrt.

Es sollte daher auch betriegen geschrieben werden, liegen und nicht lügen, worauf man blos gekommen ist aus Scheu vor Verwechselung mit liegen, welches aber ligen heißen sollte. Ergetzen ist richtige Schreibweise und nicht ergötzen, denn es ist der gleiche Stamm wie in vergessen. (im Mittelhd. Factitiv zu ergëzzen, vergessen machen, entschädigen, vergüten, erfreuen). Daß a auch im Alem. getrübt wird, (brôcht = gebracht, schlôf Schlaf ꝛc.) dieß Schicksal erleidet dieser

---

*) Unbewußt halten wir ja auch im Schreiben an dem o beim u; denn das halbe Ringlein über dem u ist nichts anderes als der untere Theil eines o über u, wie auch im Mittelalter das u stets geschrieben wurde, also muoder; wie ja die beiden Punkte über a im Umlaut nichts anderes sind als eine Abkürzung aus e.

**) Ein unterscheidendes Merkmal der oberdeutschen Mundarten (schwäbisch le) gegenüber dem Niederdeutschen ken, woraus das chen unserer Schriftsprache geworden ist.

„allerfeinste und empfindlichste Vocal" hier wie in andern Dialekten. (alder bei Hebel = oder ist Mittelhd.)

Der Ablaut d. h. die Veränderung die der Stammvocal erfährt zur Bildung neuer Formen und Wörter (ziehe, zog, Zug) und die Abweichungen der Mundart vom neuhd. Sprachgebrauch kommt bei der Flexion des Zeitworts zur Sprache.

Consonanten.

Bei den **liquidae** (flüssigen) finden, wie das in ihrem Wesen liegt, das durch die Benennung angedeutet wird, mannigfache Veränderungen statt, und zwar: **Lautwechsel, Assimilation und Ausfall.** Ein Wechsel tritt besonders ein zwischen r und l, jedoch nicht sowohl in einheimischen als in eingebürgerten Wörtern. Das charakteristische Wort dafür ist chilche, wie sich dieser Wechsel schon im Althochdeutschen in kilicha, chilcha für kiriha findet (aus dem griechischen kyriakón, „Haus des Herrn"), kener und kenel aus dem lateinischen canalis, wie schon im Mittelhochdeutschen = Röhre, Rinne, besonders Dachrinne. Mörsel neben mörser wie im Althochdeutschen morsali und morsari aus dem lateinischen morsarium, dasselbe Wort, aus welchem auch Mörtel gebildet ist. Aus dem französischen serviette wird mundartlich salvëte; aus Barbier ein balbier. Dieser Lautwechsel ist jedoch ein allgemeiner: peregrinus, fremd, woraus Pilger; dorpaere (dorfaere, Dörfler, niederdeutsch dorp = dorf), daher dörper, dörpel, Bauer, bäurisch, roher Mensch, Tölpel, und ein alter: Herkia heißt in der Edda die Gemahlin des Atli; in den Nibelungen wird als Gattin des Etzel (= Atli) bekanntlich die Helche genannt.

Bei r ist eine eigenthümliche, jedoch durchaus nicht abnorme, noch auch im Alemannischen willkürliche Umsetzung zu beachten in chriese für Kirsche. (Vergl. born und bronnen) Bërta aus Bërhta und Prëhta, die Leuchtende, Glänzende (von bëraht, përaht adj. leuchtend, glänzend), daher Adalbreht, Adalbert, Albrecht und Albert, der durch das Geschlecht (adal) Glänzende. Das althochdeutsche frum (fromm) ist angelsächsisch furm, form. Ein noch ferner liegendes Beispiel möge zeigen, wie allgemein diese Umstellung sich findet. Die „Donnersöhne" Marc 3, 16 sind hebräisch bene harëgech, woraus griechisch boanerges geworden. Nach Birlinger a. a. O. findet sich Gernsbach urkundlich als Genrespach im Jahre 1297 (Mone 12, 216.)

Daß das m mit w wechselt in mir für wir ist allgemein süddeutsch. Sollte das nicht auf einem richtigen Sprachgefühl beruhen? Althochdeutsch heißt nema-mês, wir nehmen, das angehängte mês ist angehängtes persönliches Fürwort 1. plur. —

Bei l assimiliert sich der folgende t-laut wie in ball für bald, gellet für geltet. anderseits fällt es aus vor t in du witt (willst), ihr sottet (solltet) und in ass für als. Das m assimiliert das folgende w in bammert (Bannwart), ähnlich in schwälmli (dim. von Schwalbe), grummbîr (= Grundbirne), hampfel handvoll, mümpfeli mundvoll, zimpfer von ziemen, fein, geziert.

Bei n ist ein Hauptmerkmal des Alemannischen zu beachten, nämlich der gänzliche Wegfall der Nasalierung; dadurch unterscheidet sich das Alemannische wesentlich von dem verwandten Schwäbisch, also mâ (Mann), schî, gsî*), bî, schô u. s. w.

Eigenthümlich ist wie n vor a tritt in Nast (Ast); woher ist dies zu erklären? — Im Auslaut turn für turm (lateinisch turris) fälschlich Thurm) findet sich schon mittelhochdeutsch wie aus althochdeutsch seltsâni seltsam geworden. Umgekehrt ist aus m ein n geworden in buosem, beseme (noch bei Luther) Busen, Besen u. a. Funst für fust = Faust ist dem Breisgau eigen. Sehne, gschehne dagegen ist allgemein alemannisch. Vielleicht alte Infinitivform aus anam bei Isidor nach Holtzmann (S. 131) firstandanne, quedanne, uuizsanne, während die spätere Infinitivendung im Althochdeutschen wie im Gothischen an ist.

Mutae. Eine der feinsten Entdeckungen auf dem Gebiete der Sprachforschung ist das von J. Grimm zuerst erkannte und aufgestellte Gesetz von Lautverschiebung. Dieß lautet: Bei den germanischen Sprachen erleiden die Consonanten, welche mutae (stumm) genannt werden, eine gewisse regelmäßige Veränderung und zwar in der Weise, daß der Reihe nach

der weiche (media, d. h. mittlere)
Lippen=, Zungen=, Gaumenlaut
b   d   g
in den harten (tenuis, dünn)
p   t   k
und dieser wieder in die gehauchte (aspirata, angehauchte)
f. (v. ph)   ß, z   ch, h

übergeht oder auch in anders beginnender Reihenfolge tenuis-aspirata-media oder endlich aspirata-media-tenuis.

Dieses Gesetz erleidet zwar auf allen Stufen Abweichungen; doch ist so viel dabei feststehend, daß gleichnamige Laute durch gleichnamige, die auf der betreffenden Stufe der Sprachentwicklung so zu sagen mundgerechter schienen, ersetzt wurden. Ein Beispiel möge dies erläutern: Knie heißt griechisch góny, lateinisch genu, gothisch kniu, althochdeutsch chniu, mittelhochdeutsch und neuhochdeutsch Knie.**) Das Alem. aber, das

---

*) Dieses ist außerdem ein charakteristisches Unterscheidungsmerkmal der drei südwestdeutschen Dialekte: schwäb. gwä, fränkisch gwest.
**) Weitere Beispiele finden sich für alle denkbaren (neun) Arten der Wortverschiebung in jeder größeren wissenschaftlichen Grammatik. Nach diesem Lautgesetz schreiben wir auch „deutsch" (goth. thiudisk, Ahd. diutisc, Mhd. diutisch Jiutsch, adj. aus Goth. thiuda, Ahd. diot. Mhd. diet, Volk, also = „volksthümlich, heimathlich" — so auch Dinte aus Mittellat. tincta, früher tincte geschrieben.

eine Vorliebe hat für Gaumenlaute in In= (hoch, hoecher, nah, naecher) und Auslaut für die Aspirata hat, bleibt bei chnie stehen und hat also die consequente Reihenfolge aus media, tenuis und aspirata und sagt demgemäß chalt, chind, volch u. s. w.

Umgekehrt ist die weiche Aussprache der tenuis k wie media g im Inlaut und zum Theil auch im Auslaut Regel. Balge (Balken), birge, dungel, storg u. a.

Das g fällt nicht blos in der Hanauer Mundart aus (Kouel = Kugel, gfloue = geflogen), sondern auch allgemein im Alemannischen, wie schon im Mittelhochdeutschen in morn für morgen, in saist, sait, gsait = gesagt, glait = gelegt, traisch, trait = getragen, gnu oder gnua für genug, mittelhochdeutsch gnouc, weist darauf hin, daß es von einem alten Stammwort nëhen goth. naúhan von nahon in bí = ga = naúhan — aus nah, das ahd. nah, nuoh, mittelhochdeutsch genuoc (Lexer, Mittelhochdeutsches Wörterbuch, II. 48) kommt. Im Gegensatz dazu findet sich ein eigenthümlich eingeschobenes g in bosge, Böses thun = dem Mittelhochdeutschen bôsen, boesen, schlecht werden und =sein, aber auch Böses thun, (boesern, schlechter werden und machen).

Wie ebenfalls im Mittelhochdeutschen noch häufiger steht im Anlaut g für j: gäh = jäh. h ist eigenthümlich im Anlaut in hunten für un= ten und haus, Adv. = außen, Herdäpfel,*) u. s. w.

Bei den Zungenlauten ist im allgemeinen keine strenge Schei= dung zu erkennen, namentlich nicht im Anlaut dag für Tag (übrigens gothisch dags) u. s. w. im Inlaut vadder, widder.**)

Sehr willkürlich scheint die Einschiebung eines d=lauts nach der Vorsilbe ver in verdleide, verdlaufe, verdschlofe u. a. oder in dunder = Donner, dundere = donnern, doch findet sich ein einge= schobenes unorganisches d auch im Hochdeutschen, z. B. Fähndrich für Fähnrich, so in öffentlich, eigentlich, meinethalben u. a.

---

*) Kartoffel nach Hildebrand im Grimm'schen Wörterbuch V. 244 aus tartüffel aus dem ital. tartufo = Trüffel, wie sie am Anfang des 18. Jahrhunderts beim ersten allgemeinen Bekanntwerden heißen. „Die beiden t waren unbequem für rasches Sprechen, das eine sprang in k um". Die Entstehung ward aber so rasch vergessen, daß sie Adelung nicht mehr weiß, er nennt Kartoffel eine Entstellung aus Erdapfel. — Dürfte nicht das Umgekehrte zutreffend sein? Es werden nämlich als vorkommende Benennungen auch artuffel, artoffel, erdtüffel angeführt; könnte man nun nicht dies Fremdwort sich mundrecht zu machen versucht haben durch Bildung eines anscheinend zusammengesetzten Haupt= worts Erd-Apfel, wie aus valise ein Felleisen, aus arcubalista Armbrust ge= worden ist?

**) Wenn man die höchst willkürliche Schreibweise im Althochdeutschen be= trachtet, wo sich bei Notker z. B. tiemuti Demuth, ten den u. s. w. findet, also offenbar für d, erscheint die Frage Birlingers wohl begründet (S. 126): „Ob dies sogenannte streng althochdeutsche nicht seine t, k, p gar von den lateinisch gebildeten erst deutsch lernenden St. Galler Gelehrten hat?"

Auch bei den Zungenlauten ist das Alemannische in der Lautverschiebung beim Althochdeutschen und Mittelhochdeutschen stehn geblieben, gothisch biotan, althochdeutsch puozan, mittelhochdeutsch büetzen, neuhochdeutsch büßen, alemannisch büctze. Das alte biz ist erhalten in bitzeli; zu merken ist hier flötzen statt flößen, flötzer für Flößer, binze = binse, hirze = Hirsch.

Mit dem Schwäbischen gemein ist dem Alemannischen (und im Unterschied zum Bairischen) das st und sp im In- und Auslaut = scht und schp, isch (ist) weschpe, also nichts weiter als eine consequente Durchführung der S. 36 angegebenen Sprech- und Schreibvorgangs wie Wurst, Durst u. a. nur in der Schrift besteht, in der Aussprache aber — und zwar ebenfalls folgerichtig — ein Durscht, Wurscht u. s. w. hören läßt. (Schleicher a. a. O. S. 210.)

Bei den Lippenlauten gilt zunächst für b und p, was von g und k, d und t bemerkt worden ist, daß nämlich oft kein Unterschied bemerkbar ist. Eigenthümlich ist der Uebergang von suber in sufer; pf für f in pflegel, kripfe, saipfe, schlürpfe, ist aber nicht ausschließlich Alemannisch, hat doch das Fränkische mancher Gegenden scharpf = scharf, wie schon Mittelhochdeutsch. (Nach Birlinger urkundlich Scofheim im Jahre 807 für Schopfheim.) Pfunst für Faust ist breisgauisch.

Ein in- und auslautendes w für b findet sich sehr häufig, z. B. z'owe (abends), awer, fiewer (Fieber), wiwer, glauwe, gärwer, färwer u. a. In grouwe, (gereut), gschrouwe, (geschrieen), wie sehr häufig ist es organisch, so auch in pfauwe, ahd. pfawo, frauwe, mhd. vrouwe, ahd. frouwa. Schwalwe, mhd. swalewe, ahd. swalawa u. a. Umgekehrt ist Verhärtung von w zu b zu beachten in dem aus Hebel bekannten Hamberch = Handwerk.

Wortlehre.

Zur Bildung der Substantive gebraucht das Mittelhochdeutsche noch viel häufiger als das Neuhochdeutsche die Nachsylbe e. Die fuoge, mâze, staete, kiusche, und das Gegentheil die unfuoge, unübermâze, unstaete, unkiusche. Wie poetisch ist diese einfache Form, die auch Luther so häufig anwendet, z. B. Jes. 53, 2: „Er hatte keine Gestalt noch Schöne". So bildet auch die alemannische Mundart eine ganze Reihe im Hochdeutschen ungebräuchlicher Hauptwörter, wie suësi, suri, öli = Oelmühle u. a.

Ebenso macht das Alemannische einen sehr ausgedehnten Gebrauch von den Nachsylben (ete) ede, (et) ed, z. B. Kochede, so viel als auf einmal gekocht wird oder werden soll. Tragede, so viel als auf einmal getragen werden kann. Diese Endung, entsprechend dem gothischen itha, ist im Althochdeutschen (ida) sehr häufig in Wörtern, die in der Folge verloren gegangen sind, z. B. antfangida Empfang, piderbida Vortheil, rihtida Regel u. a. und im althochdeutschen sehr häufig als ede, klagede = Klage u. a. Erhalten hat sich diese Endung in Getreide aus getregede. Ist das volksthümliche (nicht ausschließlich alemannische) „Sekte" z. B. „Mach keine Sekte!" = Possen, Mehrzahl von dem Mittelhochdeutschen segede, das Reden, also etwa so viel als „Redensarten"? Jene Verkleinerungsformen, die uns bei Walther v. d. Vogelweide*) so eigenthümlich anmuthen (dänkelin, lobelin), finden sich bei Hebel, auch wo eigentlich keine Verkleinerung stattfindet, „weisch no, wie de gstohle hesch, un d'Waisli betroge. — I tue der kei Leidli. — Tuech un tuech uf d'Bleichi trait un strängli zum Färbe. — Lueg, was es für a Schnufli macht u. s. w.

Das Geschlecht der Hauptwörter ist, meist in Uebereinstimmung mit dem Mittelhochdeutschen vielfach vom Hochdeutschen verschieden, z. B. der luft, der bank, der fahne (ahd. fáno), der glust (das Gelüste), das kuffer (lat. cofrum), das ripp (ein böses Weib), das zit = Uhr bei Hebel, wohl wenig mehr in Gebrauch.

Der Pluralbildung mit Umlaut ist oben gedacht (ärm, hünd u. a.) Oefters werden auch die Endungen weggelassen. Die würm Würmer, die kalb, die rind, von mâ heißt der Mehrzahl manne. Maidlene, kuglene ist eine dem Alemannischen eigenthümliche Pluralbildung.

Bei den Zeitwörtern ist, was ihre Bildung anbelangt, ebenfalls der häufige Gebrauch der Verkleinerungsform zu beachten, womit theils aus andern auch im Hochdeutschen sich findenden Zeitwörtern wie schnüfele ein wenig schnaufen, theils aus Haupt= und Beiwörtern, wie gvätterle spielen (von Kindern, wenn sie die Verrichtungen der Erwachsenen nachahmen) jüngle Junge bekommen — neue, nur in der Mundart vorkommende Zeitwörter gebildet werden.

Bekanntlich hat das Neuhochdeutsche die Neigung statt der frühern starken Conjugation die schwache zu gebrauchen, so daß eine große Reihe von Zeitwörtern, die im Mittelhochdeutschen stark flectiert wurden, jetzt schwach abgewandelt werden, wate, wuot, gewaten; zamen, zim, zam, gezomen u. s. w.) oder auch beide Conjugationen bei demselben Zeitwort jetzt neben einander bestehen, so jedoch, daß die Formen der schwachen uns mundgerechter sind, (buck und backte, boll und bellte [Mittelhochdeutsch bille, bal, bullen, gebollen], schnob und schnaubte, scholl und schallte). Der Dialekt hat umgekehrt eine Neigung für die starke Conjugation: gwunsche, gschrouwe, grouwe (über das organische w siehe oben), glitte (geläutet), gezunde, gewunke,

---

*) Bei Pfeiffer 45:
daz ist wider mîner frouwen lône mir ein kleines dänkelîn.
„Dieser Dank ist mir aber für den (entbehrten) Lohn meiner Herrin nur ein geringer Ersatz"
119. von Leopold von Oesterreich:
„sin lop ist niht ein lobelîn: „er mac, er hât, er tuot."
„Das Lob, das ich ihm spende, ist kein halbes, sondern ein ganzes: nicht nur ist er reich und kann geben, sondern er gibt auch."

ghunke (Mittelhochdeutsch hinke, hanc, hunken, gehunken), gmale (gemahlen), Mittelhochdeutsch mal, muol, gemalen, gschabe (Mittelhochdeutsch schabe, schuop, geschaben) — knellen oder knällen, knallen machen, das Factitiv aus knallen, ist gebildet wie das transitive fällen aus dem intransitiven fallen u. a. Dem Alemannischen eigenthümlich scheinen die Imperfect Conjunctive zu sein: mfech von machen und thieg von thun. — Außerordentlich häufig ist der Gebrauch der Vorsilbe ver zur Bildung von Zeitwörtern verwache, verschrecke, versteche, für erwachen, erschrecken, erstechen. u. s. w.

Beim Adjectiv ist außer der Vorliebe für die Nachsylbe lig (miserablig u. a.) besonders die mannigfache Zusammensetzung zum Zweck der Verstärkung zu beachten, z. B. gottsjämmerlig, gottserbärmlig und der Gebrauch solcher, als Adverbien der Verstärkung vor Adjektiven wie gottsträflig, meineidig. u. a.

Ein dem Alemannischen, wie es scheint, angehöriges Adjectiv, das sich im Mittelhochdeutschen nicht nachweisen läßt, ist urig, wohl aus der Vorsilbe ur — mit der Bedeutung von rein, lauter, unvermischt. —berig, das im Schweizer Alem. sich findet für fruchtbar von bern tragen (bir, bar, geboren, erhalten in gebären), Mittelhochdeutsch beree = birec und bärec findet sich wohl kaum im Alemannischen Badens?

Echt alemannisch sind die beiden Adverbien des Ort nidsi (unter sich) (am Kaiserstuhl underschich) = abwärts von nid (woher nieder) und si = sich und obsi = über sich, aufwärts. Adverbien der Zeit: almis = ehemals, enanderno in unmittelbarer Folge auf einander, sogleich. Abkürzung morn = morgen, daher morne morge morgen in der Frühe, morndrigs am folgenden Tag.

Als Adverbien der Betheuerung sind gebräuchlich: wägerli = wahrlich, wellaweg = durchaus, immerhin; des Zweifels s'cha si.

„In den Adverbien der Zeit, des Orts, der Art und Weise können die Ortseinwohner vor benachbarten oft genau unterschieden werden." (Birlinger.) Dasselbe gilt auch von den Interjectionen.

Bei den Zahlwörtern sei nur bemerkt, daß das mundartig zwänzig, zwanzig die Ableitung aus zwei(n)zig eher erkennen läßt als das hochdeutsche zwanzig.

Um noch einen kurzen Blick auf das Gebiet der Syntax zu werfen, sei vor Allem bemerkt, daß mit der Ausbildung einer Sprache der Formenreichthum schwindet, anderseits aber die syntaktischen Verhältnisse sich immer schärfer ausprägen. So haben die Mundarten reinere Formen bewahrt, die Schriftsprache aber eine schärfere Darstellung der logischen Beziehungen geschaffen; dort ist also mehr das sinnliche, hier mehr das geistige Element der Sprache entwickelt.

So zeigen gleich im Gebrauch der Zeiten das Alemannische und mit ihm sämmtliche süddeutschen Dialekte eine gewisse Dürftigkeit, sofern sie nur das Perfect kennen. Dieß ist mit ein ganz bestimmendes Merkmal der süddeutschen Mundarten; wo ein Imperfect anfängt, haben die süddeutschen Mundarten ein Ende. Ebenso bedient sich zur Bezeichnung der Zukunft der Alemanne nicht des Hilfszeitworts werden; er gibt dieß Zeitverhältniß durch das Präsens oder deutet es an durch „wollen"; der Conditionalis findet sich nur bei wenig Zeitwörtern z.B. miech von machen, gieng, käm, wott (wollte); sonst wird er durch thät Conditonalis von thun ausgedrückt. Ein anderes Verhältniß scheint der Dialekt schärfer auszudrücken, nämlich das der Verneinung. Bekanntlich verpönt das Hochdeutsche die doppelte Verneinung, indem es lehrt, daß eine solche eine Bejahung gäbe, und verbietet deßhalb auch nach den Zeitwörtern, die eine Verneinung enthalten (abhalten, verbieten, hindern u. s. w.) im abhängigen Satz die Negation. Dagegen läßt sich auch nichts sagen, im Gegentheil ist die kürzere Ausdrucksweise, sofern sie zu keinem Mißverständniß Anlaß gibt, der längeren stets vorzuziehen. Nun zeigt aber das Festhalten an der doppelten Verneinung*), die sich weder aus der mündlichen noch schriftlichen Rede verdrängen lassen will, daß dieser anscheinende Pleonasmus doch zu tief in dem Wesen unserer Sprache begründet ist, als daß er so schnell sich durch eine, aus einer fremden Sprache aufgedrängten Regel (und zwar aus dem Lateinischen, denn das Griechische kennt dieses Gesetz nicht) ausgetilgt werden könnte.

So hat sich die Verneinung auch erhalten bis in die Neuzeit, was sich durch zahlreiche Beispiele unserer classischen Schriftsteller (Lessing, Göthe und Schiller) belegen läßt.**) So sagt ja auch Chamisso: „das ist kein Spielzeug nicht!"

Wie kurz und treffend oft durch ein einziges Wort, in seiner eben nur im Volksmunde ihm zukommenden vielsagenden Bedeutung ein Verhältniß ausgedrückt wird, möge durch zwei Wörter, nämlich so und als angedeutet werden. Ersteres findet sich in Gebrüder Grimm's Kinder- und Hausmärchen Nr. 115, in denen der volksthümliche Ton mit so viel Geschick nachgeahmt wird: „Eines Tages brachte ihm die Frau den Kaffee, und als er ihn in die Schale ausgegossen hatte und eben trinken wollte, da schien die Sonne darauf und blinkte oben an der Wand so hin und her und machte Kringeln daran." In diesem einfachen „so" liegt eigentlich ein ganzer Satz, der etwa lauten würde: wie das ja bekannt ist, oder dergl. — So verhält es sich auch mit dem so

---

*) Daß zu kein noch eine Verneinung trat, hatte seinen guten Grund, da das dehein, dechein, dekein, aus welchem durch Abwerfung der Vorsylbe kein entstanden ist, eben nicht die Bedeutung des kein im heutigen Sinne hatte, sondern wie das franz. nul und aucun an sich nur die Bedeutung von „irgend ein", und erst durch Hinzutreten eines ne, das an das Zeitwort gehängt wurde, entstund daraus das verneinte kein. Aber auch dann konnte noch eine weitere Verneinung hinzutreten, ohne daß der verneinende Sinn gestört wurde. Sätze wie ine kunde an ir erkennen nie kein daz dinc daz sie begie, also drei Negationen gehören im Mhd. nicht eben zu den Seltenheiten.

**) Vergleiche hierüber die interessante Schrift von A. W. Grube „Streiflichter auf die Wandlungen und Schwankungen im neuhochdeutschen Sprachgebrauch." Leipzig 1876.

vielfach gebrauchten als: „ich habe das als gethan," d. h. so oft sich Gelegenheit dazu bot, so entspricht das „als" hier einem „jedesmal wenn" und einem damit eingeleiteten Satze, oder etwa unserem „jeweils", zu dem aber bemerkt werden muß, daß es sich auch nur, wie es scheint, im Badischen findet. Solche Ausdrücke, am rechten Platze verwendet, verderben den Stil nicht, verleihen demselben vielmehr individuelle Färbung und Charakter. Was macht mit andern Vorzügen Uhlands Poesie uns so anmuthig, was J. Grimms Prosa so jugendfrisch und kräftig, als diese eingestreuten alterthümlichen und volksthümlichen Wörter?

Durch die Aufnahme derselben haben diese Männer aber auch ein Verdienst um die Sprache sich erworben, indem sie dieselbe auf das schätzenswertheste bereichert haben.

Damit sind wir zu der andern Seite gelangt, nach der die Mundarten hohe Bedeutung haben für unsere Sprache, nämlich der **materiellen**. Wie schon oben angedeutet ist, sind einestheils unserer Schriftsprache gute, echte, alte Wörter abhanden gekommen, die in der Mundart sich erhalten haben; anderntheils enthält die Schriftsprache Ausdrücke, mit denen sich keine Vorstellung verbinden läßt, die also einen rein conventionellen Charakter haben. In beiden Fällen tritt die Mundart bereichernd und erklärend ein. Vor allem kommen hier in Betracht diejenigen Wörter, deren Gepräge nicht nur bis zur Unkenntlichkeit abgeschliffen ist, sondern deren Feingehalt von dem Probierstein des Sprachwardeins nicht probehaltig erfunden wird — es sind das die **Fremdwörter**.

Seit Ph. Zesens allerdings zu weit gehenden und daher vergeblichen Bemühungen, die deutsche Sprache von den fremden Bestandtheilen zu säubern, ist gar oft Klage erhoben worden über die allzu große Zahl der aus der Fremde entlehnten Wörter. Daß dies Bedauern kein unbegründetes ist, zeigt namentlich eine genauere Betrachtung der Mundarten mit ihren Schätzen, die noch nicht gehoben und in allgemeinen Umlauf gesetzt sind, auf das deutlichste und unwiderleglichste. Abgesehen mag werden von Wörtern, die allerdings unmittelbar aus einer fremden Sprache in die unsrige aufgenommen worden sind, die aber das Bürgerrecht in der Weise erlangt haben, daß denselben der fremde Ursprung nicht mehr angemerkt wird, die also, um beim Bilde zu bleiben, als Barren bezogen, ein deutsches Gepräge erhalten haben. Es sind das die sog. **Lehnwörter**, z. B. Fenster, lateinisch fenestra; Ziegel, lateinisch tegula (das Deckende) Segen, lateinisch signum (Zeichen, besonders des Kreuzes) Kamin, lateinisch caminus, wofür übrigens „Rauchfang," „Schlot," Insel, lateinisch insula, wofür das schöne poetische „Eiland" echt deutsch sind u. s. w. Eine nicht allzu große Anzahl von Fremdwörtern,

---

*) Man lese nur die wahrhaft classische Vorrede zum Wörterbuch, in der es z. B. gleich zu Anfang heißt: „Unmuße, und die unfreiwilligste war genug da, sie wäre nimmer ausgegangen, was frommte ihrer mehr und im Ueberschwank zu bereiten?"

die kaum, außer etwa durch längere Umschreibung im Deutschen wiedergegeben werden könnten (naiv, fashionable, comfortable, Streik wenigstens kürzer als Arbeitseinstellung) und Benennungen in Kunst und Wissenschaft, z. B. in der Grammatik, die einen sozusagen internationalen Charakter haben, möchten wir nicht missen. Wäre es doch eitel Prahlerei, behaupten zu wollen, wir hätten von andern Nationen nichts gelernt; haben doch andere Nationen so manches auch aus unserer Sprache angenommen, so die Franzosen von der Einwanderung der Franken bis auf unsere Zeit. Zu beklagen aber ist, daß so manche echt deutsche Wörter durch fremde verdrängt und so für immer verloren gegangen sind, ohne daß Hoffnung vorhanden wäre, daß sie aus dem Grabe, in das sie schon vor Jahrhunderten gelegt worden, je wieder zu neuem Leben erstehen werden.

Dieser Einfluß des Fremden läßt sich aber nachweisen, soweit wir überhaupt eine geschichtliche Kenntniß von unserer Sprache haben. Einen solchen und zwar tief greifenden Einfluß hat das Christenthum auf unsere Muttersprache ausgeübt. Sind doch für den neuen Glauben nur äußerst wenige Ausdrücke der heimischen Sprache entlehnt (z. B. Beichte, Buße**); weitaus die meisten Bezeichnungen für religiöse und kirchliche Verhältnisse dagegen sind der Sprache der Römer und Griechen entnommen, über deren Länder ja das Christenthum seinen Weg zu uns genommen, z. B. außer sonst gelegentlich angeführten: Prediger und predigen von praedicare, Kloster von claustrum, Mette, Messe, matutina, Fest, festum u. a. sämmtlich lateinisch. Ist es doch zweifelhaft, ob Gruft von graben oder, wie Andere wollen, aus lateinisch-griechisch crypta, Gewölbe abzuleiten ist.

Die Einführung fremdländischer Ausdrücke auf dem kirchlichen Gebiete hatte zunächst seinen Grund darin, daß entsprechende Benennungen in unserer Muttersprache nicht vorhanden waren, hauptsächlich aber darin, daß die aus der Fremde gekommenen Glaubensboten unsere

---

*) Es ist ein erfreuliches Zeichen des wiedererwachten nationalen Bewußtseins, daß der Kampf gegen die Fremdwörter neuerdings mit Kraft und Geschick wieder aufgenommen worden ist. Ob aber gerade das Gebiet, auf dem dies eben geschieht, das geeignete ist, um den Hebel einzusetzen, das Gebiet des Verkehrs, der doch ein internationaler ist und es immer mehr werden soll, dürfte fraglich sein. Jedenfalls hat es auch hier seine Richtigkeit mit dem schon angeführten Wort J. Grimm's, daß hier Regierung und Obrigkeit nicht durch Gebote, sondern nur durch Beispiel wirken können. Eine Verbesserung läßt sich so wenig obrigkeitlich befehlen, als künstlich machen. Der Volksmund hat auch hier manches Beachtenswerthe, so wenn im Sundgau statt Lokomotive — Dampfwagen, am Kaiserstuhl statt Perpendikel — Unruhe (auch bei Hebel) gesagt wird. Ob für Restauration „Gastnahrung", wie sich im nördlichen Deutsch-Böhmen findet, eine passende Verdeutschung sei, mag dahin gestellt bleiben.

**) Aber wer denkt noch dabei, daß jenes eigentlich „Bekenntniß" bedeutet (mhb. bihte aus bigihte von einem verlorenen jehen, sagen, bekennen) dieses ein Bessermachen, Vergüten, und mit baß, besser und dem später anzuführenden büetzen zusammenhängt?

Sprache zu wenig kannten und daß man es für gefährlich hielt, etwa vorhandene, mit dem Heidenthum verwachsene Ausdrücke auf die neuen Anschauungen und Begriffe zu übertragen.*) Daß unter so ungünstigen Verhältnissen die deutsche Sprache dennoch ihre schöpferische Kraft in einigen Wortbildungen bewiesen hat, spricht mit für den geistigen Zustand unserer Vorfahren.**)

Dergleichen Wörter sind aus unserm Hochdeutsch verschwunden und haben sich höchstens noch da und dort im Dialekt erhalten, wie für das von dem mittellatein. patrinus oder pater spiritualis, „der geistliche Vater" (weil die katholische Kirchenlehre eine geistliche Verwandtschaft affinitas spirituatis zwischen Pate und Täufling annimmt) abzuleitende spätere Pate (fälschlich Pathe geschrieben) gebräuchliche alte goddi oder göddi; aus dem gothischen gudja, altn. godhi, althochdeutsch cotin, der Priester, übertragen auf den Taufzeugen wegen seiner halbpriesterlichen Stellung; und für das aus dem Griechischen sarkophágos gebildete „Sarg" der Alemanne heute noch ein wenigstens im Mittelhochdeutsch nachzuweisendes „Todtenbaum" im Gebrauch hat.

Ungleich mehr Benennungen sind auf anderen Lebensgebieten in der Schriftsprache verschwunden, die der Dialekt bewahrt hat.

Ein interessantes Wort ist sachs, sahs, welches „die etwa 2 Fuß langen, breiten, schweren, einschneinigen Schwerter bezeichnet, die man so häufig in den Gräbern der Burgunden, Alemannen und Franken findet," von dem der Kriegsgott der Deutschen Sasenôt (Schwertvertrauter) den Namen hatte, und woher nach Widekind u. a. der Name der Sachsen abzuleiten wäre (was aber neuerdings bestritten worden ist). Dieses hat sich in der Verkleinerung sähsle allgemein im badischen Oberland erhalten als Bezeichnung eines langen, starken, an der Spitze gebogenen Holzmessers.

Ueber das echt alemannische chaib (hängt es wohl mit dem althochdeutschen chiuwan, kiuwan (nagen), mittelhochdeutsch kiuwen

---

*) Vergl. Jütting: „Sprachliche und pädagogische Abhandlungen." Leipzig 1872. Bd. I. S. 1 ff.

**) Während z. B. wohl in allen europäischen Sprachen das Wort Priester aus dem griechischen presbyteros (der Aeltere) abgeleitet ist, was mehr die Würde als das Amt bedeutet, hatte der Deutsche, um letzteres zu bezeichnen, sein eigenes Wort: êwarto d. h. der Wächter des Gesetzes, der Bundeshüter, denn êwa, êa, ê heißt Recht, Gesetz, Bund. Das Wichtigste und unser religiöses Verhältniß zu Gott Begründende ist das im Testament des alten Bundes — der alten êa — und des neuen Bundes — der neuen êa — Ausgedrückte oder Enthaltene, dessen Erklärer und Wärter zu sein, aber die Hauptbestimmung des Priesters ist. (Aehnliche Bildungen sind: Bahn-, Bann-, Zeugwart u. a.) — Kirche, wie oben angegeben, aus einem griech. Adj. entstanden und durchaus erst in prägnanter Ausdruck, in zweiter Bedeutung „Gemeinde," „Gemeinschaft der Gläubigen," wofür das Lat. und Goth. das griech. ecclesia angenommen haben; dies übersetzt nun Nother (Pf. 3) mit prûtsáminunga d. h. Versammlung von Bräuten, d. i. von Christo verlobten Seelen; unleugbar eine charakteristische und der neutestamentlichen Anschauungs- und Ausdrucksweise höchst entsprechende Bezeichnung.

unfer kauen zufammen und bedeutet „woran Raubvögel nagen"?) findet
fich im Grimmſchen Wörterbuch nichts als daß es Zank, Streit be=
deute (woher das alemanniſche chibig, zornig) und daß es wie Aas
auch als Schimpfname gebraucht werde. Nun wird es aber nicht blos
ſo gebraucht, ſondern es bedeutet auch Aas, Cadaver eines abgeſtan=
denen Viehs, woher die Chaibenäcker, Chaibematte kommen (auch
Chaibegaſſe in Buggingen, Straße, die nach dem Chaibenacker
führt), d. h. Orte, wo das Aas begraben oder vielmehr verdelbt
wurde. Verdelben aber iſt auch durchaus kein hochdeutſcher Ausdruck,
iſt aber nichts anderes als das im Mittelhochdeutſchen ſehr gebräuchliche
dalpen, das nicht etwa nur dem Süddeutſchen eigen war, ſondern ſich
als telben auch bei niederdeutſchen Schriftſtellern findet. — Der
Alemanne kennt zwar nicht d i e Butter, wohl aber d e n Butter, ein
Sprachgebrauch, der mit Unrecht jetzt für gemein gilt, um ſo mehr als er nach
Grimm der ältere und früher bezeugte iſt. Uebrigens iſt Butter ein
Lehnwort aus dem griechiſchen ſächlichen Hauptwort butyron (bus
Kuh und tyros Käſe). Das Alemanniſche hat dafür das echt deut=
ſche anke. althochdeutſch der anco und die anca, aus dem Sanskrit
entlehnt andsch, das im lateiniſchen ungere, ſchmieren, ſich noch findet.—
Zeine = Rundkorb (mehr wie zaine geſprochen) kommt von zein,
Stab (das altnordiſche teinn, Zweig, Stäbchen), daher Zeineiſen =
Stabeiſen und bei Hebel zeiner, „Schmied, der das Stabeiſen in
Stangen ſtreckt."

Wörter, wie die bei Uſteri ſich findenden gut mittelhochdeutſchen
sidele = Sitz, beiten = warten, ſcheinen, wenn überhaupt noch, doch
nur auf einem kleinen Theil des alemanniſchen Sprachgebiets im Ge=
brauch zu ſein.

Das wohl ausſchließlich alemanniſche Adjektiv räs = ſcharf, ſehr
geſalzen, aber nicht verſalzen, wofür das Hochdeutſche keinen Ausdruck
hat, iſt das im Mittelhochdeutſchen außerordentlich oft und mannigfaltig
gebrauchte raeze ſcharf von Geſchmack, herb, ätzend; hell vom
Ton; ſcharf ſchneidend (klâwen, Froſt); biſſig, wild, wüthend
(Löwe, Eber), heftig, wild (Recke) und in Zuſammenſetzungen
wie „daz wortraeze wîp von der Kriemhilde im Nibelungenlied.
(Dürfte daher ſich vielleicht das rezénd herleiten mit verändertem
Ton wie in lebéndig, Maretónder u. a., wenn nicht recent vom
lateiniſchen recens friſch?) — Rösch, mittelhochdeutſch resche,
althochdeutſch resci (altnordiſch röskr, muthig, hurtig) in der
Bedeutung von friſch, lebhaft weiter verbreitet („eine röſche Wittwe")
in der Bedeutung „gebacken, daß es beim Zerbrechen kracht" ſchwäbiſch=
alemanniſch.

Das im Alemanniſchen mit Vorliebe gebrauchte bätten = nützen,
helfen, iſt das mittelhochdeutſche baten, gothiſch botjan. — Im badiſchen
Oberland „biëzt" der Schuſter den Stiefel und der Schneider das
Kleid, d. h. er beſſert es aus (daher der Ausdruck Lückenbüßer), das
iſt nichts anderes als das gothiſche gabôtan, althochdeutſch puozan,

mit bat, baz beſſer zuſammenhängend. Alſo eine ganz correcte Bil=
gung, wie gießen aus giutan, giozan, genießen aus niutan niozan u. a.

Die hochdeutſche Sprache hat nur noch Ableitungen, während
der Stamm im Dialekt allein ſeine Zufluchtſtätte vor gänzlichem Un=
tergang gefunden hat. Und doch, wenn abgeleitete Wörter echt ſind,
müſſen auch ihre Stammwörter es ſein; wo es Bäche gibt, da müſſen
Quellen ſein, wo Ableger ſind, müſſen auch geſunde Stämme ſein.
Wenn begehren echt iſt, ſo muß auch das alemanniſche gehren es ſein,
her sihit, thes her geréda und binuaz keróst thu, ſagt Otfried und
dû gerest einer hohen ger Ulr. v. Türheim im Willehalm.
Wenn Gebiet und gebieten richtig iſt, dann iſt biet (Züribiet, Schwei=
zerbiet) nicht zu verwerfen; auch bieten = entbieten von obrigkeitlichen
Ankündigungen findet ſich im Mittelalter, z. B. in âhte bieten „durch
gerichtliches Gebot in Acht thun." Wackernagel.

Im Breisgau rieſen (beſſer rîsen) im Herbſt die Blätter der
Bäume und fallen ab und im ganzen badiſchen Oberland wird dies
Wort beſonders von den Beeren und Trauben gebraucht. Auch Holz=
rieſen gibt es in den Holzſchlägen auf hohen Bergen, über welche man
ganze Stämme in das Thal hinabrutſchen läßt. Das Hochdeutſche hat
nur noch die Verkleinerungsform rieſeln und das abgeleitete Hauptwort
Gries aus Geries (wie Glauben aus Gelauben u. a.) Nun ſagt ſchon
Notker zu Pſ. I. Et folium eius non defluet. „Noh sîn loub ne
rîset. (Die Wette: „Und deß Blatt nicht welket"; nabël = welken
und abfallen.) Im Frühjahr belaubt ſich der Baum oder bekommt
Blätter. Im Mittelalter „loubte" er, und ſo findet ſich bei Hofmann
von Fallersleben.*) „Nu laube, Lindli, laube" und „O Lindli, laube
bal!" Doch habe ich auf Nachfrage in verſchiedenen Gegenden des
alemanniſchen Sprachgebiets von nirgends her das Vorhandenſein und
den Gebrauch dieſes Wortes beſtätigt erhalten.**) — „Wo nummee
ne löchli isch, ſchliefts leben uſo jung und friſch," ſagt
Hebel wie der mittelalterliche Dichter er slouf in sîn sturm gewent
(Präſens von sliefen) von welchem nur noch die Ableitung ſchlüpfen
vorkommt. — Und: „de hesch mi ussem fegfür g'holt, un länger
hättis nümme dolt" (in der Ausgabe von 1853 fälſchlich tolt); wir
haben nur noch dulden, mhd. doln, ahd. dolén, tholén, tholôn, goth.
thulan.

---

*) „Alemanniſche Lieder." Fünfte, im Wieſenthal verbeſſerte und vermehrte
Ausgabe. Mannheim 1863, S. 57.

**) Es iſt das mit ein Beweis, wie gerechtfertigt das Mißtrauen iſt gegen
Dichter, die nur aus Hebel oder bei vorübergehendem Aufenthalte auf aleman=
niſchem Gebiete Alemanniſch gelernt haben. Hofmann v. Fallersleben lernte,
wie uns die Vorrede zur 5. Auflage erzählt, im Jahr 1821 in Holland Hebel
kennen und fand, „keine ſchönere Sprache, worin er Meiele beſingen konnte,
als die des nie geſehenen Wieſenthals". Später nachdem er als Profeſſor in
Breslau die Poeſie Hebels eifrig ſtudiert und ein Collegheft über Hebel ausge=
arbeitet hatte, reiſte er nach dem Wieſenthal, um dort ſeine alemanniſchen Ge=

Bisweilen ist nur die Weiterbildung eines Wortes im Dialekt anders als in der Schriftsprache, und da hat oft ersterer das Ursprüngliche treuer bewahrt als letztere. Wer sieht dem Wort Sense an, daß es aus sagîsc = sêgense stammt, also nichts anderes bedeutet als Säg= eisen? Wie viel klarer läßt das alemannische sägese Ableitung und Bedeutung erkennen als das abgeschliffene hochdeutsche Sense.

Für Elster sagt der Kaiserstühler aegerste (daher Aegersteaug für Hühnerauge); beides kommt vom mhd. agelster, ahd. agalastra, altnord. gala = gellen, daher Nachtigall. Welche Weiterbildung ist hier die bessere?

Heute, ahd. hiutû aus hiû tagû an diesem Tage; heuer, ahd. hiurû aus hiû jarû, d. h. in diesem Jahre, sind hochdeutsch; hinächt (mhd. hînaht aus ahd. acc. hia naht) ist in den Dialekt gebannt. Während der Alemanne mit seinem hinecht und der Pfälzer mit seinem heint (einer ebenfalls sehr alten Form) recht wohl weiß, daß es sich um die vergangene Nacht handelt, läßt mich das hochdeutsche „diese" oder „heute Nacht" im Ungewissen, ob die dem heutigen Tag vorhergegangene oder die nachfolgende Nacht gemeint ist.

Nicht selten läßt die scheinbar falsche verdorbene Aussprache der Mundart die Abstammung eines Worts besser erkennen als das Hoch= deutsche. So weist das alemannische hër*) = Herr hin auf die Ab= stammung von hehr = hoch, erhaben, was bei dem aus dem Compa=

---

dichte streng durchzugehen und ihnen ein mundartliches Gepräge zu geben, das kein Sprachforscher noch Eingeborner hinfort anfechten könne" und so in „in sprachlicher Gesichertheit" übergab er seine Gedichte der deutschen Welt. — Jeder Leser jedoch, der alemannisch nicht aus Büchern gelernt hat, merkt, er mag aufschlagen, wo er will, auf den ersten Blick, daß trotz aller angestrebten sprach= lichen Correctheit der Formen, trotz der Fülle seltener, wohl bei Hebel, nicht aber im Volksmund sich noch findenden Ausdrücke, an dem Mangel an Einfachheit und an dem Uebermaß künstlicher poetischer Hilfsmittel (Refrain, Klangmalerei u. drgl.), daß diese Gedichte alles eher sind, als was sie sein sollen „alemannische Lieder". — Einen noch weniger angenehmen Eindruck machen die „Neuen alemannischen (richtiger breisgauischen Gedichte von Ignaz Felner (Professor in Freiburg, † 1825 als Pfarrer in Märzhausen), Basel 1803, der Inhalt meist höchst un= poetisch (moralische Betrachtungen: „Was schön ist", „Unsere Feinde dienen uns als Spiegel" u. a.), oder gar trivial („Loblied eines Arztes auf seinen Pudel"), der Form nach oft sehr uncorrect sind. (S. 19: „Es spielten eist der Jungfern vier Lust Wasser, Wohret und des Füer," ein alemannisches Imperfekt!) Von den echt alemannischen Dichtern, den Pflegern des reinen Alemannischen, hoffen wir bei einer späteren Gelegenheit sprechen zu können.

*) Reinick überträgt: „Der Nußbaum hat doch an si Sach, und 's Here Hus und 's Chilche = Dach, ins Hochdeutsche.
Der Nußbaum auch macht's ihnen nach
Und auch das Schloß und Kirchendach.
Her bedeutet aber immer, für sich gebraucht, so viel als „geistlicher Herr", oder „Pfarrer". Es zeigt dies eine Beispiel, wie oft Einfaches im Dialekt mißver= standen wird. Ueberhaupt bereiten Dialektdichtungen, nur im Dialekt gelesen, den vollen Genuß; es verhält sich dabei wie mit dem Mittelhochdeutschen; jede auch die beste Uebertragung ins Neuhochdeutsche verwischt den eigenthümlichen Schmelz derselben.

rativ hêriro durch Apokope entstandenen Herr weniger bemerkbar ist.

So zeigt das alemannische (auf dem Hotzenwald erhaltene) Nohbûr (nah und Bauer) die Ableitung und Bedeutung dieses Wortes, was bei unserm hochdeutschen „Nachbar" nicht der Fall ist (denn weder ist „nach" Vorwort, noch „bar" die Nachsilbe unserer jetzigen Schriftsprache) sondern es ist wie das mhd. nâhgebûr (ahd. gabûri — der Mitwohnende), aus nahe und (bûwan), bûan (pûen), altnord. búa, das nie bauen sondern immer wohnen bedeutet (bûr (pûr) Bau, Wohnung, Haus, daher Vogelbauer) entstanden und bedeutet also den nahe, den in der Nähe Wohnenden.

Auf den ersten Anblick auffallende, vielleicht gar lächerlich erscheinende Ausdrücke werden sich bei genauerer Betrachtung doch etwas anders herausstellen. Wie sonderbar, daß der alemannische Bauer auf dem Wagen reitet! Nicht anders, als bei Notker Pharao auf seinen reitwagenon und sein Gefolge hi in curribus, hi in equis, disc ufon iron reiton, dise ufon iron rossen (oder wenn gar die Sonne reitet foro dero rîtentûn sunnun, ante currum. Mcp. 53 cf. Graff Sprachschatz.)

Wie barbarisch der Vergleich „und wenn's so finster wird, wie inre Chue", so hat Hebel in den „Irrlichtern", wofür später: „Und stoht ke Stern am Himmel und ke Mon." Finster wie in einer Kuh! Wer denkt da nicht an den unglücklichen Jonas und seinem dreitägigen unerquicklichen Aufenthalt, aber nicht nach des Dichters heiterer Auffassung? — In Nr. 353 der Beil. zur Augsb. Allgem. Zeitung von 1876 wird von Nicotera erzählt, man habe ihn als Gefangenen nach S. Giacomo gebracht, „wo man ihm wieder die abscheulichste aller dortigen Keuchen angewiesen." Kuh und Keuche ist aber ganz dasselbe. Es ist nichts anderes als was die Bergleute in ganz Deutschland kau, kaue (alem. ausgesprochen au = u, also ku) nennen, d. h. kleine Hütten, wie sie auf den Mundlöchern der Schächte angebracht werden. Im übertragenen Sinn jeder enge, niedere, finstere Aufenthaltsort (daher Koje, Schiffsverschlag zum Schlafen, und wohl auch Kajüte?) Da Gefängnisse meist derart sind, so hat es auch die Bedeutung Gefängniß. Dieß ist ein offenbar viel charakteristischeres Wort als das hochdeutsche „Gefängniß", welches von fangen abgeleitet, nur die Beraubung der Freiheit andeutet, nicht aber ein Bild von dem Aufenthaltsort des der Freiheit Beraubten gibt, was bei ku der Fall ist. (Bei Abraham a St. Clara findet sich „Kiche.") — Im Gebrauch ist dieses Wort noch in der Bedeutung „bischöfliches Gefängniß" (bei Grimm und Weigand). Im sog. Kirchenstreit anfangs der fünfziger Jahre hörte man oft von Geistlichen, die, nachdem sie zuerst den Anordnungen der Regierung Folge geleistet hatten, sich später der Curie unterwarfen, sie seien „nach St. Peter in die Kuh gekommen."

Wie sich so durch Beiziehung der Schriftsprache mundartliche Ausdrücke erklären lassen, so auch durch Vergleichung verwandter Mundarten, z. B. um einen zudringlichen, durch Neugierde lästigen Menschen abzuweisen, gebraucht der Alemanne die Redensart: lass mi ungheit! Was soll das bedeuten? Offenbar hat er nichts mit dem ähnlich lautenden keien = fallen (mit griechisch keimai zusammenhängend) zu thun. Es ist vielmehr mit gh zu schreiben für geheien. Nun gibt es ein schwäbisches heien oder geheien abgekürzt gheien = verdrießen (mhd. ge-hîwen plagen?) des het mi sackrisch gheit = sehr geärgert, gekränkt, sagt der Bauer in der Baar,

"dass wirdt den Graffen drinn keyen,
wann er wirdt selbst sehen,
dass es omb jhn geschehen,"

heißt es in einem Gedicht über die Bauern-Unruhen in Oberösterreich 1626. (Beil. z. Augsb. Allgem. Ztg. 1876 Nr. 365.) Abraham a St. Clara sagt: was hei (= gehei, schere) ich mich um den Prediger? Dieß Wort ist also nicht blos alemannisch, sondern wenigstens allen süddeutschen Mundarten gemeinsam.

Ein Beispiel möge noch zeigen, wie aus dem Dialekt sich die Entstehung und Bedeutung von Wörtern erklären läßt. Daß Gemüth von müen (unpersönlich „es müet mich" = es stimmt mich wehmüthig, bekümmert mich", ahd. gamuojan, gimuoan, mhd. gemüjen, gemüen, daher gamuoti, gimuati, mhd. gamuote, gemüete) abzuleiten ist, ist auf den ersten Blick klar; woher aber kommt das Wort Geist? Im Alemannischen ist das Zeitwort jäsen = gähren noch allgemein im Gebrauch; Jast und Gejäst bedeutet physische oder moralische Aufwallung. Gejäst schneller ausgesprochen gibt Geist; ganz wie aus bigihte oder bigichte von jëhen (s. oben) Beichte geworden ist. Weigand behauptet zwar, daß Geist nicht von jäsen komme, gibt aber keinen Beweis für diese Behauptung. Warum das gothische geisan = erstarren, das aber nur aus usgeisnan (sich entsetzen) zu folgern ist, eine bessere Wurzel sein soll als jäsen ist nicht einzusehen.

Wir könnten nun noch Beispiele anführen, wie der Volksmund für die Sache auch den entsprechenden, bezeichnenden Ausdruck sich bildet, z. B. bederthalben, Zwerchsack von bede, beide und ahd. halba, mhd. halbe, die Seite (daher halben auf Seiten, wegen), der aufgenommen vorn und hinten von der Schulter herabhängt. Es ließe sich nun aus dem reichen alemannischen Sprachschatz noch eine ungemessene Zahl von Ausdrücken vorführen, geeignet, hochdeutsche in ihrer jetzigen Gestalt unverständliche Wörter zu erklären, oder nothwendig, in's Hochdeutsche aufgenommene fremde Elemente zu ersetzen, oder endlich würdig, neben dem schriftgemäßen Ausdruck dasselbe Ding zu bezeichnen und so die Fülle unserer Sprache zu mehren; denn so wenig der Mensch sich sträubt gegen Zuwachs an irdischem Gut und Ueberfülle nicht als Unglück betrachtet, so wenig darf sich die Sprache scheuen, für denselben Gegenstand mehrere Bezeichnungen zu haben; Ueberfluß giebt es hier nicht. — Es wäre dann auch hinzuweisen auf den Reichthum an Bezeichnungen für gewisse häufige und in mannigfacher Weise auftretende Thätigkeiten wie die Begriffe „sprechen" und „tönnen" u. a. Ein reiches Feld bietet auch die

Art bar, wie das Volk sich Fremdwörter mundgerecht macht. — Endlich wären auch die Redensarten zu berücksichtigen, die oft so bündig gefaßt, den Nagel auf den Kopf treffen. Doch damit würden wir den uns zugemessenen Raum weit überschreiten.

Möge das Wenige, was geboten worden, die Ueberzeugung befestigen, oder wo dieselbe noch nicht da gewesen, erwecken, daß die Mundarten aufmerksamer Beachtung und liebevoller Pflege werth sind. Zeit und Mühe, die auf ihr Studium verwendet werden, sind nicht verloren; sie lohnen reichlich dafür durch den Genuß und Gewinn, den sie gewähren. Denn Genuß und Erholung ist es, in unserm papiernen Zeitalter den Klängen einer Sprache zu lauschen, die wirklich gesprochen wird, die in dem gesunden, kräftigen Leben unseres Volkes frisch pulsirt. Gewinn aber bringt es, denn es fördert in der Kenntniß der gemeinsamen Muttersprache. Wer einen Dialekt genau zu kennen sich bemüht, der muß das Ohr schärfen, auch auf die feinsten Schattirungen der Aussprache zu achten, das Sprachgefühl so bilden, daß ihm auch die unbedeutendste Abweichung im Wort und im Satz nicht entgeht. Die Schriftsprache aber und die Mundart genau zu vergleichen und zu unterscheiden ist um so nothwendiger, je größer die Gefahr ist, beide mit einander zu vermengen zu einem unharmonischen Gemisch, und diese Gefahr ist da am größten, wo die Mundarten am wenigsten abweichen von der Schriftsprache, wie das ja in unsern oberdeutschen Dialekten der Fall ist.

Freilich kann manches in den Mundarten nicht erklärt werden ohne Kenntniß des Altdeutschen, aber umgekehrt läßt sich auch vieles aus den Mundarten verwerthen zum Verständniß der alten Sprachdenkmäler. Wer aber durch Beschäftigung mit der heimischen Volkssprache zum Studium des Mittel- und wo möglich des Althochdeutschen geführt würde, der dürfte den größten Gewinn daraus ziehen. Wir reden damit nicht einer Ausbreitung des Lernstoffes für den Volksschullehrer das Wort, sondern einer Vertiefung desselben. Nicht ein Schweifen in das Weite, sondern Hinabsteigen in die Tiefe ist es, was wir beabsichtigen. Und das ist es ja, was wie unserer Zeit überhaupt, so auch der Ausbildung zum Lehrerberuf und der Weiterbildung in demselben vor Allem Noth thut. — Aus Lehrerkreisen ist die Forderung aufgestellt worden und wird fort und fort wiederholt, daß ein fremdsprachlicher Unterricht in den Lehrerbildungsanstalten eingeführt werde. Der mit den Verhältnissen Vertraute weiß, daß dies zu leisten dem Seminar bei seinen gegenwärtigen Einrichtungen unmöglich ist. Sollte aber vielleicht nicht die Kenntniß der deutschen Sprache, wie sie vor Jahrhunderten gewesen, die uns ja auch eine fremde geworden, dem Lehrer das Erlernen einer fremden Sprache zu ersetzen im Stande sein? Sollte jene nicht auch den grammatischen Sinn wecken, Einsicht in den Aufbau der Sprache aus ihren Bestandtheilen, Verständniß für die logischen Verhältnisse verschaffen, wie das die Vergleichung der Muttersprache mit einer fremden Sprache gewährt? Dabei würde der

Lehrer seine Kräfte auf ein Fach vereinigen und beschränken, das er ja zu lehren hat, (was bei einer fremden Sprache ja doch nur höchst selten der Fall ist) und worin er dann um so mehr Meister werden könnte. Lehren setzt ein Beherrschen des Lehrstoffes voraus; eine vollständige Erkenntniß der Sprache erlangt aber nur der, der dieselbe nicht nur kennt, wie sie jetzt ist, sondern auch weiß, wie sie es geworden. Wenn aber auf irgend einem Gebiet der Lehrer zu möglichst allseitiger und vollständiger Erkenntniß gelangen soll und kann, wenn er irgendwo so zu sagen Autorität werden will, so ist es auf dem Feld der Muttersprache.

Aber Form und Inhalt lassen sich nie völlig trennen. Die Gebrüder Grimm, die das Wörterbuch und die Grammatik geschaffen, haben der deutschen Nation auch die „Rechts=Alterthümer", „Mythologie", und die „Kinder= und Hausmärchen" geschenkt.

Mit der Sprache unserer Väter lernen wir auch ihr Geistes= und Culturleben kennen, die Heldensagen der Vorzeit, wie sie damals noch im Munde des Volkes gelebt, und die Zustände der bewegten Zeit des Mittelalters selbst; und wie lebendig, anschaulich, greifbar, wie ganz anders als in den trockenen Lehrbüchern der Geschichte!

Das Studium der Volkssprache weckt den Sinn für Beobachtung der Sitten und Gebräuche des Volkes, lenkt die Aufmerksamkeit hin auf die Märchenwelt, diesen „ältesten und treuesten Spiegel des Volkscharakters." „Was immer Schönes, Zartes, uralt Heiliges im Herzen des Volkes lebte, das wollte die Aufklärung nicht dulden und mit Stumpf und Stiel ausrotten. Vor der fürchterlichen Ruthe der Schulmeisterei flüchteten die lieblichen Elfen, aus Berg und Wald, Wiese und Quelle verscheucht, in die Bücher jener treuen Sammler, wo sie allein noch fortleben, zum Beweise, wie viel poetischer unser Volk war, ehe es Schullehrerseminare gab." Diesen Vorwurf erhebt W. Menzel in der „Geschichte der deutschen Dichtung." Und ist er ganz unbegründet? Hat nicht der Fanatismus der Aufklärung ebenso schlimm gewüthet, wie einst der übertriebene christliche Glaubenseifer gegen den heidnischen Glauben unserer Vorfahren, gegen alles, was sich erhalten aus der Väter Zeiten im Volksleben, und dem oft eine so sinnige Naturbetrachtung, ein so tiefes Rechtsgefühl zu Grunde lag? Hat nicht auch dieser im Dienste einer einseitigen, nüchternen, kalten Verstandesbildung alles, was die Phantasie belebt und das Gemüth erwärmt, auszurotten gesucht? Mögen auch mit dem Altehrwürdigen allerlei Auswüchse des Aberglaubens sich eingenistet und erhalten haben; ein Acker, auf dem Unkraut wächst, ist immerhin ein poetischerer Anblick als die öde Sandwüste, als die hartgetretene Landstraße.*)

---

*) Leichter ist es Altes zu vertilgen als Neues zu pflanzen. Bekanntlich haben in der Phantasie der Alten Hausgeister schretel gelebt (ahd. skrāt), jene

Wie über die Mundart, so hatte auch hier „der unfehlbarste aller Pöbel das Urtheil gesprochen: die Unwissenheit, es galt für gemein." (Kl. Groth.) Dieser Bann ist gebrochen. Volksglauben und Volkssitte zu verachten gilt nicht mehr als Zeichen von Bildung, sondern von Verbildung. Und so verhält es sich ja auch mit der Mundart. Während nicht blos der Städter gewöhnlichen Schlags, sondern auch der Landmann anfängt sich der Volkssprache zu schämen, haben Poesie und Wissenschaft sich ihrer angenommen und hegen und pflegen sie mit Liebe und Hingebung. Welche Wendung!

Daß die Mundarten je wieder ein Uebergewicht über die Schriftsprache erlangen könnten, das ist eine Gefahr, die am wenigsten zu befürchten ist; weder im Leben — keine Kaiserin wird mehr im Volkston reden wie einst Maria Theresia, welche ihrer Freude über die Geburt ihres ersten Enkels (des nachherigen Kaisers Franz II.) Ausdruck gebend, ins Parterre des Theaters gerufen: „der Lepold hot an Buabn!" — noch auch in der Wissenschaft: ist doch Frommann's Zeitschrift „Die deutschen Mundarten" nach wenigen Jahrgängen (1854—59) wieder eingegangen, um erst im letzten Jahre wieder — mit wohl nicht allzu großer Betheiligung aufs neue zu erscheinen.

Die Schriftsprache ist die Siegerin. Möge sie die besiegten, einst ebenbürtigen Schwestern, die Mundarten, nicht stolz verachten und von sich weisen, damit nicht das „vae victis!" zu einem „vae victrici!" werde. Möge sie vielmehr immermehr von dem harten, aber nicht unbegründeten Vorwurf sich reinigen, den Firmenich (Einleitung zu „Germaniens Völkerstimmen") gegen sie erhebt: „In Bezug auf Reinheit der Sprache ist die kräftige und kernhafte Sprache des Volkes im Allgemeinen jener mit unzähligen französischen u. s. w. Wörtern und Floskeln durchflickten und zerlappten Sprache der sogenannten feinen Welt bei weitem vorzuziehen, indem unsere Sprache fast in keiner Mundart in solchem bettelhaften, erborgten und jämmerlichen Gewande erscheint, wie wir sie in unsern sogenannten feinen Kreisen tagtäglich zum Spott und Hohne des überreichen deutschen Sprachgeistes auftreten sehen müssen." — Mögen die lebendigen Sprachquellen, in denen der Geist des Volkes zu schaffen nicht aufgehört hat, nicht versiegen; mögen sie fortwährend unserer allgemeinen Sprache reichliche Nahrung spenden zu gesundem, frischem, kräftigem Gedeihen und Wachsen. Möge hoch gehalten werden die gemeinsame herrliche deutsche Sprache vom Memelfluß bis zu den Bergen des Wasgaus, von den Gestaden der Ost- und

---

liebenswürdigen kleinen Wichte und Gnomen, die dem Freundlichen hilfreich beistanden, aber auch dann und wann einen losen Streich spielten. Dieser Ausdruck hat sich erhalten als Bezeichnung für das Alpdrücken, allerdings mit allerlei abergläubischen Vorstellungen. Ich habe oft bei Erklärung des Wortes „Alp" nach „schretel" gefragt. Der Ausdruck war den meisten Schülern nicht bekannt aber was Alp sei, wußten sie auch nicht zu sagen.

Nordsee bis zu den Ufern des schwäbischen Meeres; möge das Band immer fester werden, das „das Gleiche frei und leicht und freudig eint"; mögen aber auch die berechtigten Besonderheiten der einzelnen Stämme, und vor allem ihre Sprache, nicht verkannt und verachtet werden; möge auch die Sprache des Stammes immerfort gepflegt werden, welcher Deutschland seine drei größten Kaiserhäuser gegeben: Hohenstaufen, Habsburger, Hohenzollern, deren letzterem es nach dem Rathschluß der Vorsehung vergönnt worden ist, Alldeutschland durch Kampf und Sieg zu Einheit, Macht und Größe zu führen!